LAS ESCALERAS HACIA EL CIELO

Cómo Dios habla a través de los sueños, visiones y revelaciones

¡El Paraíso es Real!

MADELYN RODRIGUEZ

Edición Revisada 2024
Elevation Consulting, LLC.

Copyright © 2015 por Madelyn Rodríguez
Todos los derechos reservados.

No se autoriza la reproducción de este libro ni partes del mismo en forma alguna, ni tampoco que sea archivado en un sistema o transmitido de manera alguna ni por ningún medio–electrónico, mecánico, fotocopia, grabación u otro–sin permiso previsto escrito de la autora.

Las citas Bíblicas han sido tomadas de la *Santa Biblia*, Reina-Valera 1960, rvr, revisión © 1960 Sociedades Bíblicas en América Latina y la Nueva Versión Internacional. Usadas con permiso.

Library of Congress Control Number: 2650841831
ISBN-13: 978-1535481816
ISBN-10: 1535481811
Diseño de Portada: José Vélez
Fotografía: Yoel GQ
Editor: Dr. Daniel Gutiérrez

LIBROS POR MADELYN RODRÍGUEZ

Las escaleras hacía el cielo: Cómo Dios habla a través de sueños, visiones y revelaciones
(disponible en francés)

Expresa liderazgo: ¡Tu misión lo es todo!

Posiciónate y toma tu lugar: Descubre tu fuerza en los lugares difíciles

Los libros están disponibles en inglés

Las Escaleras Hacia El Cielo no es sólo un nombre sugestivo para una canción clásica de la banda de rock en Inglés Led Zeppelin, pero también es el título de un poderoso libro escrito por una joven de fuego, que está llena del Espíritu Santo y plenamente comprometida a compartir su caminar espiritual con Jesús. ¡Un libro que debes leer!

—**Embajador Carlos García**
Exrepresentante Permanente de El Salvador ante las Naciones Unidas

Madelyn es un testimonio vivo del amor de Dios y la compasión por la gente. Lo que me parece más inspirador de su ministerio y trabajo es su capacidad de tocar y transformar las vidas de muchos a través de su pasión y amor por Cristo. Estoy segura de que su libro servirá como una inspiración para muchos que quieren experimentar una conexión más cercana al verdadero propósito de Dios para sus vidas y descubrir su misión en esta tierra; algo que Madelyn humildemente comparte a diario a través de su ministerio.

—**Liliana Gil Valletta**
Empresaria Galardonada y Personalidad de la Televisión

Contenido

Agradecimientos

Ante todo, quiero dar las gracias y toda la Honra y Gloria al Padre Jehová, al Hijo Jesús y al Espíritu Santo por traerme a Sus caminos con lazos de amor. *"Al único y sabio Dios, nuestro Salvador, sea gloria y majestad, imperio y potencia, ahora y por todos los siglos. Amén" (Judas 1:25 RVR 1960).*

Quiero agradecer públicamente a mi madre Leónidas Rodríguez, por traerme a este mundo y amarme. ¡Te amo Mami! Mis hermanos Luis y Evelio gracias por darme fortaleza y ser mi mayor inspiración. También agradezco a todas las personas maravillosas que Dios ha puesto en mi camino y me han ayudado en mí caminar con Jesucristo.

Introducción

¿De dónde vienen los sueños y visiones?

¿Alguna vez has tenido un sueño o una visión que te ha dejado la mente perturbada y no sabes cuál es su significado o la interpretación?

A través de la historia los sueños y visiones han cambiado el rumbo de las vidas de muchas personas que han sido impactadas por manifestaciones sobrenaturales. En este libro aprenderás a discernir en el espíritu si el sueño o la visión fue producto de tus pensamientos, de las fuerzas espirituales demoníacas o si Dios está tratando de comunicarte un mensaje importante. Con este libro no pretendo ser una experta en el área de los sueños y visiones, sólo contar acerca de las experiencias que Dios me ha dado.

Las escaleras hacia el cielo es una guía para las personas que no entienden el significado de sus revelaciones, están frustradas y tienen vergüenza de contarlas por temor a ser ridiculizadas. Este libro es para todos porque todos necesitamos aprender cómo escuchar la voz de Dios en nuestras vidas. Dios nos creó para tener una relación cara a cara con Él, pero por el pecado de Adán y Eva hemos perdido ese privilegio. Ahora Dios se comunica con nosotros a través de sueños y visiones. Desde el libro de Génesis hasta el Apocalipsis la mayoría de las revelaciones fueron recibidas por medio de los sueños y las visiones.

¡El Paraíso es Real!

Este libro es producto de un sueño donde Dios me llevó a un lugar parecido a un paraíso, un lugar hermoso. Jamás había estado en un lugar así. En el paraíso había una cascada grande y bella con rocas a su alrededor, personas caminando y nadando en el agua. Pensé: "qué maravilloso se ve este lugar se siente una paz hermosa, sería lindo que Dios pudiera enseñarle a la gente que están en el mundo, lo feliz que podrían vivir aquí sin ningún problema". El agua era profunda y las personas nadaban hasta el fondo y emergían de manera natural, y en mi espíritu entendía que en ese lugar donde estaba no existía el peligro, ni el pecado. Entendí que un día podremos estar en un lugar donde no habrá peligro alguno, nos meteremos en las profundidades del mar sin ahogarnos y nunca habrá noche.

En un momento puse pausa a mis pensamientos y hablé con Dios, aunque nunca vi Su rostro, sabía que Él me estaba escuchando en el espíritu y le decía: "Dios tenemos que dejarle saber a las personas que están abajo (refiriéndome al mundo) que este lugar tan glorioso existe, porque si lo supieran no pecarían". Con mucha firmeza continuaba insistiéndole a Dios de cómo podíamos dejarle saber a las personas que el paraíso es real. Se me ocurrió la idea de preguntarle si podríamos tomar una foto para mostrarla y en ese momento desperté. Meses después mientras estaba en el espíritu orando en una vigilia en mi iglesia, el Señor me presentó a través de un sueño el título y la portada de este libro. La foto de la portada se parece mucho al paraíso donde fui llevada. Dios me hizo recordar el sueño que había tenido acerca del paraíso, para que escribiera lo que vi y las revelaciones que Él me había dado a través de sueños y visiones, para que otras personas puedan ser edificadas y bendecidas.

Pablo fue llevado al paraíso

El apóstol Pablo en una de sus epístolas hace referencia a conocer a un hombre que en el cuerpo o fuera del cuerpo visitó el tercer cielo, dice que sin deseos de gloriarse escuchó palabras indecibles que seres humanos no pueden expresar (2 Corintios 12:1-4).

Dios me manda a escribir las revelaciones

Dios me mostró en sueño dos lápices uno más grande que el otro, y me dijo: "Vas a escribir, te mando a escribir". Por obediencia a Jehová escribí este libro y oro que cada persona que lea este libro reciba la revelación que estaba buscando. El Espíritu Santo me ayudó a escribir *Las escaleras hacia el cielo* de una manera sencilla y fácil de entender.

Sueños y visiones de famosos

Podemos ver que a lo largo de la historia los sueños y visiones han jugado papeles importantes en la ciencia, filosofía y la religión. Todos quieren saber la fuente de donde vienen, las interpretaciones y cuál es el propósito de recibirlos. No podemos separar la ciencia, filosofía o religión de los sueños y visiones. Tenemos que llegar a un acuerdo para que en vez de que exista una separación exista una conexión. No podemos dejar que la ciencia, filosofía o religión con sus razonamientos humanos tenga más poder que las revelaciones recibidas del cielo. Los razonamientos del hombre son temporales mientras que las revelaciones del cielo son eternas.

Abraham Lincoln "Expresidente de los Estados Unidos" (1809-1865)

Unos días antes de la muerte de Abraham Lincoln, él dijo haber soñado entrar a la habitación Este de la Casa Blanca y allí vio un cadáver cubierto; alrededor del féretro estaban unos soldados y personas llorando al fallecido. Cuando Abraham Lincoln le preguntó a uno de los soldados quién había muerto, el soldado respondió, "es el presidente, él fue asesinado". Efectivamente ese sueño se convirtió en una realidad. Días después mientras él estaba disfrutando de una obra de teatro en Washington, D.C. un hombre le disparó y horas más tarde murió. Si Abraham Lincoln hubiese tomado su sueño en serio, la historia de su muerte hubiese sido diferente, ya que le fue revelado a través de un sueño la intención y el plan malvado en contra de su vida.

Sigmund Freud "Padre del Psicoanálisis" (1856-1939)

El médico neurólogo Sigmund Freud de origen judío, nació en Austria. Fue una de las personas más intelectuales dentro del desarrollo del pensamiento durante el siglo 20. A raíz de un sueño que lo marcó, Freud escribió un libro acerca de los sueños en el cual explica que, los sueños son la vía de expresión de deseos reprimidos que tiene la persona.

René Descartes "padre de la filosofía moderna" (1596-1650)

El filósofo, matemático y físico francés René Descartes, una noche del año 1619, mientras estaba acuartelado tuvo tres sueños consecutivos, que cambiaron su vida. A través de estos sueños él interpretó que tenía que renunciar a su carrera militar y consagrarse a su misión en el mundo de la filosofía. Esa noche se convirtió en el acontecimiento más maravilloso de su vida porque encontró su propósito.

Yitzhak Kaduri "Rabino de Israel" (1898-2006)

Yitzhak Kaduri nació en Bagdad, Irak, y fue conocido por haber sido un prominente rabino y profeta en Israel. Quien supuestamente dijo a sus seguidores que después de un año de su muerte abrieran una carta que había dejado en donde revela el nombre del Mesías. Sus seguidores afirman que la carta explica acerca de su encuentro con Jesús a través de una visión, recibiendo así la confirmación de que Jesús es el Mesías.

María Woodworth-Etter "Visiones Proféticas" (1844-1924)

La famosa evangelista estadounidense María Woodworth-Etter, fue conocida por su don de sanidad, visiones proféticas y los trances poderosos que ocurrían durante sus servicios. Los trances son visiones que se manifiestan de cuatro formas. La primera es la "visión interna", ésta la vemos en nuestro ser interior, ósea nuestro ser espiritual. La segunda es la "visión abierta" lo cual significa que con nuestros ojos abiertos podremos ver manifestaciones sobrenaturales del mundo espiritual. La tercera es "visión nocturna" esta se manifiesta a través de un sueño. La cuarta visión es aquella donde las capacidades naturales se congelan, ésta es conocida como "visión en trance". Las personas que experimentaban este tipo de trances en las reuniones de la evangelista expresaban haber vivido experiencias sobrenaturales tanto en el cielo como en el infierno.

Ahora vamos a ver lo que la Biblia dice acerca de los sueños y visiones. El libro más viejo, el más leído, el más vendido, el más traducido y a lo largo de la historia el más controversial.

Primera Escalera

DIOS HABLA A TRAVÉS DE SUEÑOS Y VISIONES

"Por sueño, en visión nocturna, cuando el sueño cae sobre los hombres, cuando se adormecen sobre el lecho, entonces revela al oído de los hombres, y les señala su consejo". (Job 33:15-16 RVR 1960)

Derrotada pero no destruida

Crecí en un hogar donde el abuso físico y verbal era el pan de cada día. Esta terrible pesadilla empezó cuando tenía apenas 10 años. Mi madre se casó con un hombre abusador y alcohólico, era tan abusivo que sólo sé que está viva por la "Gracia" de Dios. Pues, como era su costumbre todos los fines de semana, mi padrastro se emborrachaba a tal grado que perdía el conocimiento y los estribos. Él subía la música tan alta que no podíamos escuchar la televisión, leer o descansar en paz. Duré toda mi niñez vigilando a mi madre cuando ella dormía en las noches, porque cuando él se cansaba de escuchar música, tomarse todas sus cervezas y luego tirar las botellas de vidrios a la pared, se dirigía hacia la habitación de mi madre a golpearla. Mi trabajo era asegurarme que él no le pusiera el seguro a la puerta de ellos, para así poder interferir en medio de los dos para que él no llegara a pegarle hasta el cansancio.

Si tuviera que describirme en ese entonces, no tenía autoestima, estaba llena de temor, y soledad. No tenía a nadie con quién compartir o desahogarme sobre mi triste vida, mi madre vivía en un estado de depresión crónica y por esa razón no podía darme el amor que toda niña de esa edad tanto necesita. Mi padre biológico vivía en la República Dominicana y murió teniendo yo 14 años, y mi hermano menor, Luis, apenas tenía unos 2 años. Mi responsabilidad era protegerlo a él también. Desde mi habitación, siempre miraba por la ventana con sentimientos melancólicos. Veía el río que estaba frente a mi edificio y al cielo buscando respuestas del por qué tenía que sufrir tanto dolor, sin nadie para protegerme y defenderme. Recuerdo que un día mi padrastro, se enojó conmigo y me dijo: "nunca te pondré la mano encima porque no eres mi hija". Después de unos años cuando llegué a los caminos de Jesús, entendí que Dios siempre mantuvo en control mi situación y que esas palabras que él dijo, sólo Dios las podía haber puesto en su corazón para decirlas, el Señor estaba conmigo durante ese proceso difícil y confuso de mi vida.

A los 18 años era una joven completamente derrotada, emocional y espiritualmente. Después de haber vivido tanta violencia doméstica mi mente estaba completamente traumatizada y aterrorizada, no confiaba en nadie. No quería casarme, ni tener hijos, no quería estar atada a nada. No tenía amor para dar porque no sabía lo que era el amor. Pensé, que si todo iba bien en mi vida profesional podría llenar ese vacío que tenía en mi alma, por eso, ya a los 25 años me había esforzado para obtener dos títulos universitarios, uno en Justicia Criminal y otro en Periodismo. Llegué a tener buenos empleos en el mundo periodístico, pero aún no lograba llenar el vacío que tenía en mi alma. De noche lloraba desesperadamente por el vacío que había en mi alma y las terribles pesadillas que tenía reviviendo momentos en el que oía a mi madre llorar de angustia por los golpes de mi padrastro. Estaba convirtiéndome en una persona totalmente frívola, tenía miedo de amar y expresar mis sentimientos y que me traicionaran.

¡Llegó Jesús!

Estaba derrotada, pero no destruida y en el verano del 2010 todo en mi vida estaba mal, ya no podía seguir viviendo con tanto dolor. Mi pasión era llegar a ser una famosa periodista como el mexicano Jorge Ramos de Univisión o el americano Anderson Cooper de CNN. Siempre iba a las tiendas de libros y me sentaba a beber café y le dedicaba horas y horas a la lectura, pero nunca leía la Biblia, no la entendía y mucho menos podía aceptar que fue escrita por hombres, inspirados por el poder del Espíritu Santo de Dios. Leía tantos libros de motivación, filosofía y metafísica que llegué a un punto de pensar que Jesús era un profeta como lo identifican en otras religiones, estaba en un estado de confusión espiritual muy grave.

Después de vivir tanta desolación y desesperación le dije a Jesús: "Jesús si de verdad existes, manifiéstate a mi vida". Después de ese día, unas semanas después, entré a la tienda de libros a la cual acostumbraba a ir y sin darme cuenta nació en mi espíritu la inspiración por comprar un libro que enseña cómo entender las historias bíblicas y comencé a leerlo. Había olvidado el clamor de aquel día en que cuestionaba la veracidad de la Biblia, no sabiendo que mi súplica había ya subido al Trono de Dios, porque Su Palabra dice que Él no rechaza un corazón contrito y humillado; "Clama a mí y te responderé, y te daré a conocer cosas grandes y ocultas que tú no sabes" (Jeremías 33:3 NVI).

Pasaron unas semanas y empecé a trabajar para Univisión Radio en la Ciudad de Nueva York, una de las empresas más importante de radio y televisión en español en los Estados Unidos y resultó que mi jefe era cristiano. Un día, un famoso locutor y presentador de televisión me invitó a su casa para grabar un segmento, en el cual iba a enviar un saludo y bendiciones a los televidentes por motivo de la celebración de Navidad. Cuando llegué a su casa saludé a sus familiares y comenzaron a llegar hermanos de su iglesia y él me dijo: "primero vamos a orar y luego grabamos tu segmento". Pero en Dios no hay coincidencia se llama "Diosidencia". Recuerdo de que tenía un maquillaje bien lindo y cuando comenzaron a orar en el espíritu, sentí una presencia de Dios tan grande como nunca en mi vida había sentido. No me importó que mi maquillaje se arruinara, porque lo que sentí fue tan especial y sólo pensaba en cómo poder tener más de esa presencia en mi vida; y después me invitaron a su iglesia.

Como consecuencia de mi experiencia previa decidí aceptar la invitación de visitar la iglesia cristiana. Fui a la iglesia tratando de revivir aquella experiencia sobrenatural que experimenté en la reunión de la casa de mi amigo. Ese día recibí a Jesús como mi Señor y Salvador, el pastor de la iglesia oró por mí y viví una vez más aquella experiencia sobrenatural, pero con mayor intensidad, indescriptible. Tan fuerte que caí al suelo al sentir Su presencia, desde entonces he sido adicta a la presencia del Espíritu Santo de Dios y me declaro amante de Su gloria.

Tu propósito divino

Cuando Dios tiene un propósito para tu vida, donde quiera que vayas, Él te seguirá. El diablo quiso destruirme, pero no pudo, porque el Rey de Reyes, Jesús llegó justo a tiempo para salvarme de las garras del diablo y de mi camino hacia el infierno, para escribir mi nombre en el Libro de la Vida y llegar un día a caminar en las calles de oro y mar de cristal junto a mi Padre celestial en la nueva Jerusalén. Jesús me restauró espiritual y emocionalmente y me llenó de Su amor. Ahora soy una de Sus guerreras y evangelistas y voy predicando Su Palabra a las almas. Anteriormente mientras dormía en las noches, las horribles pesadillas de mi niñez me atormentaban, pero ahora cuando duermo, Jesús se me aparece en mis sueños y me habla, valió la pena sufrir tanto, para hoy en día ver Su gloria en mi vida.

"…Te basta con mi gracia, pues mi poder se perfecciona en la debilidad. Por lo tanto, gustosamente haré más bien alarde de mis debilidades, para que permanezca sobre mí el poder de Cristo. Por eso me regocijo en debilidades, insultos, privaciones, persecuciones y dificultades que sufro por Cristo; porque cuando soy débil, entonces soy fuerte" (2 Corintios 12:9-10 NVI). Lo que era nuestra debilidad, Dios la convierte en nuestra mayor fortaleza, lo que te causaba daño, ahora Dios lo usará para Su gloria porque Dios es justo y hará justicia en tu vida.

Jehová me habla por sueños

Mi vida cambió en el verano del 2012 cuando comencé a tener sueños cada vez que cerraba mis ojos. De repente venía sobre mí un sueño profundo y caía rendida y empezaba a tener revelaciones. Al principio no entendía lo que me pasaba y pensaba que mis sueños no tenían importancia y que provenían de mi propia imaginación, pero notaba que las cosas que soñaba sucedían en la vida real horas, días o meses después. En realidad, nunca pensé que Jehová hablaba con los seres humanos, para mí eso era ficticio y solo sucedía en las películas. Pensé, que, si era cierto que Dios se comunicaba con personas, yo sería la menos indicada y la menos calificada para ser escogida para una misión tan especial. No me sentía valer lo suficiente como para ser tomada en cuenta porque desde niña a menudo fui menospreciada. Se me hacía difícil comprender el por qué el Rey de reyes Señor de señores, el creador de los cielos y la tierra tuviera un interés especial en mí.

Una noche desesperada por llegar al fondo de lo que me estaba pasando, empecé a leer la Biblia cuando de repente mis dedos me llevaron a este versículo "...Escuchen lo que voy a decirles: Cuando un profeta del Señor se levanta entre ustedes, yo le hablo en visiones y me revelo a él en sueños" (Números 12:6 NVI). Cuando leí eso quedé sorprendida y sentí que Dios personalmente quería decirme cuál era mi llamado a través de Su Palabra. Dios no quería terceros en nuestra relación. Pero aún así, todavía dudaba si en realidad eran de Dios mis sueños y le seguí pidiendo confirmación. El 5 de septiembre del año 2013 dejé de cuestionar si los sueños provenían de Dios, cuando por medio de un sueño en esa noche Él me dijo: "YO SOY JEHOVÁ Y TE HABLO POR SUEÑOS".

No entendía mis sueños

Desde que Jehová comenzó a darme sueños no sabía qué hacer con las revelaciones. La mayoría de los sueños eran en parábolas y simbología. Las personas a mí alrededor tampoco tenían respuestas a mis preguntas, puesto que decían que los sueños no son tan comunes, y en muchas ocasiones no se le daba el valor que en realidad merecen. Buscando respuestas para esta situación en mi vida, me dirigí a la Palabra de Dios en donde encontré que varios de los profetas mayores también se sintieron turbados y sorprendidos al recibir revelaciones de parte de Dios. Como cuando Daniel no pudo entender las visiones acerca del fin del mundo, Isaías vio al Señor sentado en Su Trono y cuando Ezequiel vio cuarto querubines que portaban la gloria de Dios.

Aprendí que cuando Dios te habla por sueños tienes que esperar y tener cuidado, porque muchas veces Dios se toma Su tiempo en revelarnos lo que nos ha dicho a través de Sus parábolas. En vez de nosotros buscar la interpretación a la ligera del sueño, debemos orar y esperar pacientemente en que Él nos de la revelación. De esa manera evitaremos frustrarnos y crear un espíritu de confusión a otras personas; nosotros nos podemos equivocar, pero Dios no, Él es perfecto. No debemos de confiar en nuestra propia inteligencia sino poner toda nuestra confianza en Jehová (Proverbios 3:5).

Apuntes para estudiar:

1. ______________________________

2. ______________________________

3. ______________________________

4. ______________________________

5. ______________________________

Segunda Escalera

EL LENGUAJE SIMBÓLICO DE LOS SUEÑOS

"Durante la noche, Daniel recibió en una visión la respuesta al misterio. Entonces alabó al Dios del cielo y dijo: ¡Alabado sea por siempre el nombre de Dios! Suyos son la sabiduría y el poder".
(Daniel 2:19-20 NVI)

¿Qué son los sueños, visiones y revelaciones?

¿Qué es un sueño?

Los sueños son manifestaciones espirituales que ocurren cuando la persona está dormida.

Diccionario Bíblico – Para los antiguos, los sueños tenían a menudo un significado portentoso que, sin embargo, no se creía fuera obvio, excepto para alguien dotado de la facultad de interpretarlos o iniciado en esa disciplina (cf Gn.41:11, 12; Dn.5:12). La Biblia registra que esas creencias se manifestaron entre los egipcios (Gn.41), los madianitas (Jue. 7:13, 15) y los babilonios (Dn.2). Dios se comunicó con los hombres por medio de sueños (Nm.12:6), pero la Biblia enseña claramente que no todos son de origen divino. El Señor dio instrucciones precisas en cuanto a cómo se podía descubrir los falsos sueños y exponer a sus "soñadores" (Dt.13:1-5). En Job 20:8 se usan los sueños para ilustrar lo insustancial y transitorio. Las palabras "sueños" y "visiones" se usan a veces como sinónimos. "Sueño" se refiere a lo que ve una persona mientras está dormida; en cambio "visión" es "una aparición" o "algo que se ve". La "visión", sin embargo, puede ocurrir también durante la noche, en sueños (Dn.2:19; Hch.12:9), en cuyo caso ambos términos podrían describir adecuadamente el mismo fenómeno (ls.29:7). En Jl.2:28 y Hch.2:17, las 2 palabras aparecen en un paralelismo poético y probablemente se usan como sinónimas.

Diccionario – Acto de representarse en la fantasía de alguien, mientras duerme, sucesos o imágenes. Cosa que carece de realidad o fundamento y en especial; proyecto, deseo, esperanza sin probabilidad de realizarse.

¿Qué es una visión?

Las visiones son manifestaciones del mundo espiritual, pueden ser recibidas con los ojos abiertos o cerrados sin la necesidad de entrar en un sueño profundo.

Diccionario Bíblico – Forma sobrenatural por medio de la cual Dios comunicaba su voluntad a sus siervos los profetas* (Is.1:1; etc.). Jâzôn, en general, es el término que mejor describe cualquier comunicación divina, al margen de la forma que tomara, mientras que marzeh se refiere definidamente a visiones en las cuales el profeta veía representada delante de él las verdades o los propósitos que Dios quería que impartiera a su pueblo. Una visión podía ocurrir mientras estaba despierto (Dn.10:7; Hch.9:3, 7), durante el día (Hch.10:3) o durante la noche (Gn.46:2), o podía tomar la forma de un sueño (Nm.12:6). La Biblia no establece una marcada diferencia entre visiones y sueños, con la excepción de que estos últimos sobrevenían mientras el profeta dormía. Durante la visión éste perdía la conciencia de lo que lo rodeaba, y el Espíritu de Dios controlaba a tal grado las zonas sensoriales de su cerebro que literalmente veía, oía y sentía lo que se le presentaba en visión. Esta podía contener instrucciones para el pueblo de Dios, o revelar hechos concernientes al futuro para capacitarlos para vivir más inteligentemente las horas del presente. Durante la visión el profeta a veces se sentía transportado a distancias considerables (Ez. 3:12-15; 8:3; 40:2; cf 2 Co. 12:1-4).

Diccionario – Creación de la fantasía o imaginación, que no tiene realidad y se toma como verdadera. Imagen que de manera sobrenatural se percibe por el sentido de la vista o por representación imaginativa.

¿Qué es una revelación?

A través de las revelaciones Dios comunica Sus misterios a la humanidad. Por ejemplo, quitar el velo de sus ojos naturales para mostrarle el mundo espiritual y cosas sobrenaturales.

Diccionario Bíblico – En los manuscritos más antiguos que tenemos simplemente dice: Apokálupsis IÇánnou, "Apocalipsis de Juan", pero títulos más complejos proceden de siglos posteriores. En la literatura religiosa apokálupsis se refiere a quitar el velo del futuro, especialmente mediante las profecías simbólicas. Daniel y Zacarías son las contrapartes en el AT del Apocalipsis del NT.

Diccionario – Acción y efecto de revelar. Manifestación de una verdad secreta u oculta. Manifestación divina.

Diccionario Bíblico utilizado: (Bibliaonline.org). Diccionario utilizado: Real Academia Española (www.Rae.es/).

¡Cuidado no todos los sueños y visiones son de Dios!

No todos los sueños y visiones vienen de Jehová. Existen tres voces: la de Dios, la nuestra, y la de satanás. Los sueños tienen que relacionarse bíblicamente o tener elementos espirituales para identificar que provienen de Dios. Tienes que tener discernimiento espiritual, si no lo tienes entonces pedírselo a Dios quien con mucho amor regala los diversos dones como son "…poderes milagrosos; a otros, profecía; a otros, el discernir espíritus; a otros, el hablar en diversas lenguas; y a otros, el interpretar lenguas" (1 Corintios 12:10 NVI).

Dios nos habla mucho por parábolas y simbolismo

Como había mencionado anteriormente, los sueños y visiones que vienen de Dios tienen que relacionarse bíblicamente. Aprendamos la importancia de los simbolismos de la manera que fueron usados en la Biblia. Por ejemplo, el agua es la Palabra de Dios y la paloma blanca se refiere al Espíritu Santo, mientras que el dragón y la serpiente significan satanás. El Señor habla por medio de las parábolas y nunca te va a decir algo contrario a Su Palabra, porque Dios no es como los seres humanos que fallamos. "Dios no es hombre, para que mienta, ni hijo de hombre para que se arrepienta. Él dijo, ¿y no hará? Habló, ¿y no lo ejecutará?" (Números 23:19 RVR 1960).

Dios solamente revela Su sabiduría a gente que ora como el profeta Daniel quien oraba tres veces al día. En ese tiempo que pasas en secreto orando ayudas a que fluya el Espíritu Santo y tome el control de tu vida y cosas sobrenaturales comienzan a ocurrir. Cuando soñaba, me levantaba sin saber el significado de mis sueños y me sentía frustrada; empezaba a analizar mis sueños para poder interpretarlos. Un día le dije a Dios que no entendía las parábolas y simbologías que me mostraba. Cuando me dormí esa noche, Dios me dijo, que no era bueno adivinar los significados de los sueños porque ahí entra un espíritu de adivinación y Jehová aborrece la adivinación, son espíritus que provienen de las fuerzas antagónicas. Jehová me dijo que orara para que Él me diera la revelación, si no recibes la revelación rápido, entonces vas a tener que ayunar y orar hasta que la recibas. Hay sueños que tienen que suceder para luego obtener y entender la interpretación. También existen personas a quienes Dios les ha dado el don de interpretar sueños como al profeta Daniel y a José el soñador.

"Y dijo Faraón a José: Yo he tenido un sueño, y no hay quien lo interprete; más he oído decir de ti, que oyes sueños para interpretarlos. Respondió José a Faraón, diciendo: No está en mí; Dios será el que dé respuesta propicia a Faraón" (Génesis 41:15-16 RVR 1960).

La Biblia nos dice que José era un hombre consagrado a Dios, pero hay muchas personas falsas que le pueden decir, "tuve un sueño contigo" o "yo sé la interpretación de tu sueño". Quiero dejar claro, que no te estoy diciendo que, si alguien te dice algo de parte de Dios, que no le creas, debemos tener cuidado de no blasfemar en contra del Espíritu Santo. Somos templos del Espíritu Santo y por tal razón no es la persona quien habla, es Dios quien mora en esa persona quien habló.

"Por eso les digo que a todos se les podrá perdonar todo pecado y toda blasfemia, pero la blasfemia contra el Espíritu no se le perdonará a nadie ni en este siglo ni en el venidero" (Mateo 12:31 NVI). Eso sí la Palabra de Dios nos manda discernir los espíritus para saber cuál de las tres voces está hablando a través de esa persona.

Probad los espíritus

"Amados, no creáis a todo espíritu, sino probad los espíritus si son de Dios; porque muchos falsos profetas han salido por el mundo" (1 Juan 4:1 RVR 1960). No importa si es un hermano o una hermana de la iglesia o si la persona tiene un llamado de uno de los cinco ministerios, (Apóstol, Pastor, Evangelista, Maestro o Profeta) esa persona puede por un momento dejarse influenciar por el diablo. Eso fue lo que le pasó al discípulo Pedro, que aun andando con Jesús día y noche hubo un momento donde satanás tomo el control de sus pensamientos y él fue reprendido por Jesús. Si eso le pasó a Pedro caminado con Jesús, imagínese ahora en estos tiempos donde la apostasía está tomando control de muchas iglesias.

Jesús reprendió a Pedro

Cuando Jesús les dijo a sus discípulos que tenía que morir en la cruz del calvario para poder resucitar al tercer día de inmediato Pedro le dijo: "… ¡De ninguna manera, Señor! ¡Esto no te sucederá jamás! Jesús se volvió y le dijo a Pedro: ¡Aléjate de mí, Satanás! Quieres hacerme tropezar; no piensas en las cosas de Dios sino en las de los hombres" (Mateo 16:22-23 NVI).

El corazón es engañoso

El ser humano tiene emociones y deseos en su corazón que son tan fuertes que pueden evitar ver la perfecta voluntad de Dios. No podemos confiar en nuestras emociones o sentimientos porque, "engañoso es el corazón, más que todas las cosas, y perverso; ¿quién lo conocerá?" (Jeremías 17:9 RVR 1960). Nuestros pensamientos nos traicionan y llevamos nuestra mente a imaginarnos en un mundo lleno de nuestros deseos que en realidad no existe.

Algunas veces cuando pensamos mucho en algo, por ejemplo, una persona con quien nos gustaría compartir románticamente, un trabajo o bienes materiales, tendemos a soñar con aquello que abunda en nuestras mentes. Porque nuestros pensamientos se pueden activar mientras estamos dormidos y pueden producir sueños, esos sueños son de la carne, "porque de la mucha ocupación viene el sueño…" (Eclesiastés 5:3 RVR 1960).

El trabajo del diablo es confundirte

El diablo también nos hace ver las cosas malas como si fueran buenas, porque su trabajo en este mundo es que te desvíes del propósito de Dios. “Practiquen el dominio propio y manténganse alerta. Su enemigo, el diablo, ronda como león rugiente, buscando a quién devorar” (1 Pedro 5:8 NVI). El diablo siempre busca una forma para hacerte tropezar, fracasar y desviarte del camino hacia Dios y hasta en tus sueños puede entrar. Satanás es el príncipe de este mundo y por tal razón tiene cierta autoridad, pero la máxima autoridad la tiene Dios. Jehová es omnipotente, omnipresente y omnisciente.

Antes de dormir debes orar para cubrir tus sueños y visiones por medio de la oración, solo así podrás proteger tus sueños de las artimañas del enemigo. Jesús me dijo en un sueño, que antes de dormir debemos pedir perdón por todos nuestros pecados consciente e inconscientemente cometidos delante de Su presencia.

Cuando Dios habla recibirás confirmación

Si Dios te envía a una misión especial donde una persona, esa persona también tiene que recibir revelación de parte de Dios, para que el mensaje sea recibido y no rechazado. Nuestro Dios es perfecto, es ordenado, no es un Dios de confusión, cualquier cosa que traiga confusión a tu espíritu no proviene de Dios. Él no te quiere confundir y traer caos a tu vida, al contrario, Él quiere darte paz y gozo.

Ananías y el apóstol Pablo

En Damasco había un discípulo llamado Ananías a quien el Señor le dijo a través de una visión que fuera a casa de Judas donde un varón llamado Saulo de Tarso "…porque he aquí, él ora, y ha visto en visión a un varón llamado Ananías, que entra y le pone las manos encima para que recobre la vista" (Hechos 9:11-12 RVR 1960). Aquí vemos que los dos recibieron confirmación de parte de Dios.

Puedes pedir más de una confirmación

Jehová envió a Gedeón para que librara a Israel de Madián, pero Gedeón siendo un campesino tímido e inseguro, y que temía que sus limitaciones no permitieran a Dios actuar, pidió varias señales de confirmación. "Y Gedeón dijo a Dios: Si has de salvar a Israel por mi mano, como has dicho, he aquí que yo pondré un vellón de lana en la era; y si el rocío estuviere en el vellón solamente, quedando seca toda la otra tierra, entonces entenderé que salvarás a Israel por mi mano, como lo has dicho. Y aconteció así, pues cuando se levantó de mañana, exprimió el vellón y sacó de él el rocío, un tazón lleno de agua. Más Gedeón dijo a Dios: No se encienda tu ira contra mí, si aún hablaré esta vez; solamente probaré ahora otra vez con el vellón. Te ruego que solamente el vellón quede seco, y el rocío sobre la tierra. Y aquella noche lo hizo Dios así; sólo el vellón quedó seco, y en toda la tierra hubo rocío" (Jueces 6:36-40 RVR 1960).

Si Dios lo dijo, Él lo hará

"Así como la lluvia y la nieve descienden del cielo, y no vuelven allá sin regar antes la tierra y hacerla fecundar y germinar para que dé semilla al que siembra y pan al que come, así es también la palabra que sale de mi boca: No volverá a mí vacía, sino que hará lo que yo deseo y cumplirá con mis propósitos" (Isaías 55: 10:11 NVI).

Creer lo que Dios dice

Comencé a visitar una iglesia donde la presencia de Dios se manifestaba de una manera sobrenatural. Ahí veía milagros creativos: las personas eran sanadas de enfermedades crónicas y mortales, las mujeres estériles recibían el milagro de ser madres, y las personas poseídas por espíritus demoniacos recibían liberación. Había un evangelista que fluía en el don de profecía, les profetizaba a todos en la congregación, (la Biblia dice que los dones son irrevocables, Romanos 11:29) tenía un conocimiento y revelación profunda de la Biblia. Era el que más predicaba en la iglesia y todos lo respetaban.

Cuando lo conocí Dios me dijo por sueño que él tenía un pecado oculto, pero no entendí la revelación. Después de un año, la verdad acerca del evangelista salió a la luz. Cuando Dios te revela algo créelo, abrázalo y guárdalo en tu corazón, no le cuestiones porque al tiempo se manifestará en el mundo natural. De esta lección aprendí que cuando Dios habla, aunque tus ojos naturales no lo vean como tal, no quiere decir que no sea así, el tiempo se encargará de traer a la luz todo aquello que esté oculto debajo del sol.

José tuvo que esperar muchos años para ver sus sueños cumplirse

Si Dios te ha dado un sueño o una visión y todavía no la has visto en el mundo natural, ten paz. Hay revelaciones que tardan en cumplirse, no debes de impacientarte o provocar que sucedan. José tuvo que esperar más de 10 años para ver los sueños que tuvo a los 17 años realizarse. Éstos fueron los sueños: "Y soñó José un sueño, y lo contó a sus hermanos; y ellos llegaron a aborrecerle más todavía. Y él les dijo: Oíd ahora este sueño que he soñado: He aquí que atábamos manojos en medio del campo, y he aquí que mi manojo se levantaba y estaba derecho, y que vuestros manojos estaban alrededor y se inclinaban al mío. Soñó aún otro sueño, y lo contó a sus hermanos, diciendo: He aquí que he soñado otro sueño, y he aquí que el sol y la luna y once estrellas se inclinaban a mí" (Génesis 37:5-7,9 RVR 1960).

Dios tenía un propósito divino con José

A pesar de que los hermanos de José lo odiaban y lo vendieron como esclavo, Dios se valió de aquel acto cruel para cumplir un propósito divino. El plan de Dios fue usar a José para preservar la vida de la familia de Jacob, salvar a Egipto y salvar a la nación de Israel, el pueblo escogido de Dios. Estos sueños fueron proféticos. Dios lo hizo con la intención de preservar lo que ya había predestinado para el pueblo de Israel y así a través de esto, establecer el escenario para la llegada del mesías Jesús. En el libro de Apocalipsis podemos ver como la nueva Jerusalén está fundamentada por las doce tribus de Israel. "Tenía un muro grande y alto con doce puertas; y en las puertas, doce ángeles, y nombres inscritos, que son los de las doce tribus de los hijos de Israel; al oriente tres puertas; al norte tres puertas; al sur tres puertas; al occidente tres puertas" (Apocalipsis 21:12-13 RVR 1960).

El poder del sueño doble

"Y al suceder el sueño a Faraón dos veces, significa que la cosa es firme de parte de Dios, y que Dios se apresura a hacerla" (Génesis 41:32 RVR 1960). Cuando usted sueña lo mismo dos veces esto significa que Dios le está alertando y dejándole saber la importancia de su revelación. El Faraón había soñado dos sueños acerca de siete vacas y siete espigas y le pidió a José que se lo interpretara. "Esto es lo que respondió a Faraón. Lo que Dios va a hacer, lo ha mostrado a Faraón. He aquí vienen siete años de gran abundancia en toda la tierra de Egipto. Y tras ellos seguirán siete años de hambre; y toda la abundancia será olvidada en la tierra de Egipto, y el hambre consumirá la tierra. Y aquella abundancia no se echará de ver, a causa del hambre siguiente la cual será gravísima" (Génesis 41:25-31 RVR 1960). Si José no hubiera interpretado el sueño del Faraón la humanidad hubiese perecido y el pueblo de Dios no habría sobrevivido tal catástrofe.

Apuntes para estudiar:

1. ____

2. ____

3. ____

4. ____

5. ____

Tercera Escalera

SUEÑOS CON DEMONIOS Y ÁNGELES

"Practiquen el dominio propio y manténganse alerta. Su enemigo el diablo ronda como león rugiente, buscando a quién devorar".
(1 Pedro 5:8 NVI)

Ataques mientras dormía

Los demonios se pueden manifestar en diferentes maneras sea por sueños o visiones. Después de tener lindos sueños en los cuales Dios me hablaba y me mostraba Su gloria, llegó un punto donde cada vez que dormía tenía pesadillas. No entendía por qué me sucedía eso, si Jehová me hablaba por sueños; la bendición más grande que he tenido en toda mi vida.

Luego de hablar con varios líderes de la iglesia comprendí lo que me estaba sucediendo. Los demonios me estaban atacando por sueños porque me querían intimidar. Por eso debemos siempre orar antes de dormir; para estar protegidos de las maquinaciones del enemigo.

Conociendo al enemigo

En el cielo satanás era un querubín grande y protector llamado Lucifer, cuando fue expulsado del cielo vinieron con él la tercera parte de los ángeles y se convirtieron en lo que hoy conocemos como demonios.

Al principio de la creación cuando Adán pecó, el plan perfecto de Dios cambió y el pecado entró al mundo, a través del pecado Satanás adquirió la posición de ser el príncipe del mundo.

Sin conocimiento, la gente perece

Lamentablemente existen personas que no quieren que les hablen de satanás y los demonios; dicen que si tienen a Dios no necesitan darle mente al enemigo. Por esa razón existen personas que sus vidas son un caos interminable; salen de una horrible situación y entran en otra o siempre están involucrados en situaciones difíciles. Tenemos que conocer a nuestro adversario y sus artimañas. Los demonios son el ejército de Satanás que odian y quieren destruir a los hijos de Dios. Son organizados, cómo se organiza un ejército, incluso existen demonios que tienen mayor rango que otros.

Ellos son espíritus, lo que significa que pueden moverse con mucha facilidad, pueden volar, moverse por toda la tierra, nos pueden ver y escuchar y meterse en cuerpos de personas. Son invisibles, pero hay siervos de Dios que sí los pueden ver, tienen el don de poder ver el mundo espiritual. Los demonios no tienen un horario de trabajo específico. Ellos son espíritus lo que significa que no se cansan, no se rigen por el tiempo, su horario es las 24 horas del día, los 7 días a la semana, y su trabajo es atacar a los humanos en todas las áreas de sus vidas para que caigan en pecado y llevárselos al infierno. Dios me dijo, que si Él nos abre los ojos espirituales no podríamos vivir una vida normal porque ellos inundan los aires por eso la Palabra de Dios nos dice que debemos orar en todo tiempo
(1 Tesalonicenses 5:17).

La Biblia nos dice que nuestra lucha no es contra sangre, ni carne, sino más bien, es en contra de principados, potestades, gobernadores de las tinieblas y huestes espirituales de maldad en las regiones celestes (Efesios 6:12). El papel de los demonios es difundir falsa doctrina, enfermedades, el deterioro mental, la guerra espiritual y poseer cuerpos humanos.

Resistir al diablo

"…Resistan al diablo, y él huirá de ustedes."
(Santiago 4:7 NTV)

Todo tiene un motivo y una razón de ser. Aunque muchos todavía no entiendan del porqué de tanta malicia en el mundo, una cosa debemos tener clara y es que satanás es el príncipe de este mundo. Su tiempo se le está acabando. Por tal razón, el enemigo busca atacarnos en todas las áreas de nuestras vidas.

El Señor permite que veas a los demonios para que sepas con quien te estás enfrentando, para que puedas ver cara a cara a tu enemigo y darte cuenta de que son reales y no es una fábula. Como Dios es el Padre de la luz, cuando estás en Su presencia, Él te permite ver las artimañas del enemigo. En sueños o visiones te puede revelar cómo operan los demonios. Si nunca has visto un demonio, entonces no vas a creer que existen.

¿Cómo puedo sacar a los demonios de mi vida?

El poder de la liberación

Satanás trata de intimidarte para que no uses el poder que Dios te dio en contra de él. Este poder es muy importante porque las personas son liberadas de las obras manifiestas de la carne como la fornicación, el adulterio, la mentira, el robo y otras. Dios no quiere que le tengas miedo al diablo y a sus demonios. Jesús en Su nombre nos envió a echar fuera los demonios (Marcos 16:17). La guerra espiritual es para todos, porque a diario enfrentamos batallas de las fuerzas demoniacas de este mundo. Que quede bien claro que satanás no tiene autoridad en nuestras vidas. Nosotros somos quienes le abrimos las puertas al diablo cuando no estamos completamente sometidos a Dios.

La Biblia nos dice que tenemos que ponernos la armadura de Dios cada día al despertarnos en las mañanas Dios nos manda vestirnos con Su armadura para poder estar firmes en contra de las hazañas de nuestro enemigo el diablo, "…ceñidos con el cinturón de la verdad, protegidos por la coraza de justicia, y calzados con la disposición de proclamar el evangelio de la paz. Además de todo esto, tomen el escudo de la fe, con el cual pueden apagar todas las flechas encendidas del maligno. Tomen el casco de la salvación y la espada del Espíritu, que es la palabra de Dios" (Efesios 6:14-17 NVI). Para poder ponernos la armadura de Dios y tener la autoridad de pelear en contra de los demonios, primero tenemos que confesar a Jesús como nuestro Señor y Salvador (Romanos 10:9-13). La Palabra de Dios nos dice que al convertirnos en hijos de Dios automáticamente recibiremos la promesa del Espíritu Santo en nuestras vidas y nuestro cuerpo se convertirá en templo del Espíritu Santo de Dios. Al tener el Espíritu Santo en nuestras vidas recibimos poder del cielo (Hechos 1:8).

Cerrándole las puertas a Satanás

Cuando hay un incendio en una casa, tienes que ir cerrando las puertas una por una para que el humo no te alcance, pues así mismo es en el mundo espiritual. Tú puedes lograr ir cerrando las puertas, una por una, a través de la obediencia a Dios. Así, satanás no podrá entrar y formar un caos en tu vida. También está la oración. En ésta, hay un poder de victoria y a través de ella podemos recibir revelación. Por ejemplo, un día estaba con unos hermanos orando y el Señor me mostró en visión un ejército de demonios fuera de esa casa, con capuchas y vestiduras negras que querían evitar que nuestra oración llegara al tercer cielo y empezamos a reprenderlos en el poderoso nombre de Jesús.

Dios nos regala dones espirituales para ser de bendición a otros: "A unos Dios les da por el Espíritu palabra de sabiduría; a otros, por el mismo Espíritu, palabra de conocimiento; a otros, fe por medio del mismo Espíritu; a otros, y por ese mismo Espíritu, dones para sanar enfermos; a otros, poderes milagrosos; a otros, profecía; a otros, el discernir espíritus; a otros, el hablar en diversas lenguas; y a otros, el interpretar lenguas" (1 Corintios 12:8-10 NVI).

En el nombre de Jesús tenemos la autoridad para reprender demonios

Pablo y Silas iban a un lugar de oración y una mujer con espíritu de adivinación les salió al encuentro, y gritaba voz en cuello que ellos eran siervos del Dios Altísimo y que anunciaban el camino hacia la salvación. Esto ella lo hizo por varios días y a Pablo le molestó esta acción y mando salir al espíritu inmundo que la poseía (Hechos 16:18). Al igual que al apóstol Pablo a nosotros también se nos fue entregada la autoridad de echar fuera demonios.

El poder de la alabanza

Sature su vida con música y alabanzas al Señor, para estar siempre bajo la presencia de Dios. "Pero tú eres santo, Tú que habitas entre las alabanzas de Israel" (Salmos 22:3 RVR 1960).

Saúl y el espíritu de tormento

A causa de la desobediencia del rey Saúl, Jehová le envió un espíritu que lo atormentaba. Este espíritu se apartaba de Saúl sólo mientras David tocaba las notas musicales de su arpa (1 Samuel 16:14-23).

Pablo y Silas

Cuando abres tu boca para alabar a Dios se sueltan las cadenas, Pablo y Silas fueron azotados y encarcelados por causa de predicar el evangelio. Pero eso no pudo detener su alabanza a Jehová y metidos en un calabozo oscuro empezaron a entonar cánticos de alabanza al Dios Altísimo. De repente hubo un gran estruendo removiéndose las paredes y quebrándose las cadenas que le ataban, esto produjo que las puertas de la cárcel se abrieran trayéndole la libertad (Hechos 16:22-26).

Por el poder de nuestra alabanza las cadenas que nos tienen atados tienen que caer, es una orden inmediata que le damos al mundo espiritual de las tinieblas. De la misma manera que las cadenas de Pablo y Silas fueron rotas por sus cantos, así también nosotros debemos seguir ese ejemplo y hacer lo mismo. Ellos estaban en una situación humillante y terrible, sin embargo, no se quejaron, decidieron abrir sus bocas y llenarlas de alabanzas al Dios Todopoderoso. No importa en qué situación te encuentres hoy, abre tu boca y adora a Dios y verás cómo llueven los milagros en tu vida.

Visitaciones angelicales

El ángel del avión

En junio del año 2013, en un viaje a la República Dominicana, le pedí a Dios que me diera una experiencia sobrenatural mientras estuviera en el avión. Le oré al Señor y le dije que quería ver a los ángeles guerreros que estaban protegiendo y llevando el avión. De repente caí en un sueño y un hombre gigante, blanco, con ropa normal, pantalones negros, camisa blanca y en la cabeza una aureola color morado, venía caminando por el pasillo del avión hacia mí, me miró y dijo: "ahora alaba a Dios".

El ángel protector

Soñé que estaba en una isla y mientras iba caminando vi como todo se inundaba frente a mí y me asusté porque no sé nadar. Miré hacia atrás y vi un hombre que me estaba siguiendo lleno de paz, de pelo negro y con canas, pero no se me acercaba. Y le dije: "tú siempre estás conmigo protegiéndome", él no me respondió, pero me dio una sonrisa afirmativa y le dije: "Dios nunca me deja sola". Inmediatamente comencé a ver visiones donde Dios me mostraba como se rasgaba el velo de mis ojos que no me permitía ver más allá, abriendo así mis ojos espirituales.

Un ángel me guía

Dios me confirmó que había llegado a la iglesia correcta a través de un ángel. Una mujer alta, blanca muy bella de pelo negro largo, con una aureola en la cabeza color morada, y una falda larga, con un bulto se paró al lado de mi cama y dijo: "ya cumplí mi trabajo me tengo que ir, me necesitan en otro lugar". Entendí por el bulto que llevaba en su espalda que era un ángel viajero que había terminado su misión conmigo, llevándome hacia donde Dios quería que yo estuviera en esa etapa de mi vida.

Ángeles preparándose para la batalla

Existe una guerra entre la luz y las tinieblas. Los ángeles representan al reino de los cielos y pelean en contra de los demonios, para que ellos no interfieran en el plan perfecto de Dios para tu vida. Dios me mostró a través de una visión a los ángeles con sus armaduras y espadas, mientras se preparaban para llevar a cabo una batalla en el mundo espiritual. En nuestras vidas, a diario existen muchas batallas espirituales. Tenemos ángeles asignados, la manera en la que ellos se preparan para pelear nuestras batallas es por medio de nuestras oraciones. ¡Así es que los activamos!

Los ángeles

Alaban a Dios, "…no cesaban día y noche de decir: Santo, santo, santo es el Señor Dios, Todopoderoso, el que era, el que es, y el que ha de venir" (Apocalipsis 4:8 RVR 1960). Los ángeles originalmente fueron creados para adorar y alabar a Dios, pero por causa de la rebelión de Lucifer ahora los ángeles también son espíritus dedicados al servicio de los hijos de Dios (Hebreos 1:14). Los ángeles cumplen muchas labores, siempre están trabajando para el "Reino del Cielo". Algunos serán usados como instrumentos del juicio de Dios y al final del siglo los ángeles separarán a los malos de los justos y serán echados al horno de fuego (Mateo 13:49-50).

Serafines – "…vi al Señor excelso y sublime, sentado en un trono; las orlas de su manto llenaban el templo. Por encima de él había serafines, cada uno de los cuales tenía seis alas: con dos de ellas se cubrían el rostro, con dos se cubrían los pies, y con dos volaban" (Isaías 6:1-2 NVI).

Querubines – Dios tiene querubines al oriente del huerto de Edén con una espada para proteger el camino del árbol de la vida (Génesis 3:24).

Miguel el arcángel "guerrero" – La Biblia registra cuando el arcángel Miguel y el diablo estaban peleando por el cuerpo de Moisés, el arcángel Miguel no se atrevió a reprenderlo, sino que le dijo que el Señor te reprenda (Judas 1:9).

Gabriel el ángel "mensajero" – Antes del nacimiento de nuestro Señor Jesús el ángel Gabriel visitó a Zacarías. Le dijo que del vientre de su esposa Elisabet iba nacer un niño llamado Juan, quien luego fuera conocido como Juan el Bautista. El Señor usó a Juan como instrumento para preparar el camino a Jesús y el pueblo de Israel se convirtiera al evangelio (Lucas 1:13-19).

Pueden adquirir forma humana

Los ángeles son seres espirituales, pero pueden aparecer en forma humana. A Sodoma llegaron dos ángeles en forma humana a la puerta de Lot y él los reconoció de inmediato y les ofreció hospedaje y lavarle los pies (Génesis 19:1-2). Pero esto no sólo aconteció en el Viejo Testamento, en el Nuevo Testamento (Hebreos 13:2) enfatiza acerca de la importancia de tratar a todos con hospitalidad porque sin saberlo podemos estar hospedando ángeles.

Son protectores

Los ángeles nos protegen en contra del enemigo, "pues a sus ángeles mandará acerca de ti, que te guarden en todos tus caminos. En las manos te llevarán, para que tu pie no tropiece en piedra" (Salmos 91:11-12 RVR 1960).

Lucifer era un querubín

"Tú, querubín grande, protector, yo te puse en el santo monte de Dios, allí estuviste; en medio de las piedras de fuego te paseabas. Perfecto eras en todos tus caminos desde el día que fuiste creado, hasta que se halló en ti maldad" (Ezequiel 28:14-15 RVR 1960). La primera batalla que se registra en todo el universo fue la rebelión de Lucifer. Él anhelaba subir al cielo en lo alto junto a las estrellas de Dios levantar su trono y en el "Monte del Testimonio" sentarse al Norte, elevarse sobre las alturas de las nubes y ser semejante al Padre (Isaías 14:13-14). Nosotros tenemos eso que él tanto anhela, la imagen y semejanza que nos regaló el Señor a través del soplo de vida (Génesis 1:26).

Los ángeles visitan a Jesús

Jesús fue llevado por el Espíritu al desierto para ser tentado por el diablo, allí recibió todo tipo de ofertas del maligno. Aprovechando éste que Jesús había pasado 40 días y 40 noches en ayuno, quiso tomar ventaja de Su debilidad para hacerle caer. Pero Jesús lo contrarrestó con la Palabra haciéndole entender que Él era el único y verdadero Dios Todopoderoso. Después el diablo se fue y llegaron los ángeles a servirle (Mateo 4:1-11).

¡No puedes adorar a los ángeles!

Los ángeles no se adoran, ¡Sólo a Jesús! Los ángeles solo reciben órdenes de nuestro Dios Todopoderoso. Su clamor debe de ser a Jesús y Él les enviará a los ángeles como ayuda. “Yo, Juan, soy el que vio y oyó todas estas cosas. Y cuando lo vi y oí, me postré para adorar al ángel que me había estado mostrando todo esto. Pero él me dijo: ¡No, cuidado! Soy un siervo como tú, como tus hermanos los profetas y como todos los que cumplen las palabras de este libro. ¡Adora sólo a Dios!” (Apocalipsis 22:8-9 NVI).

¡No hay otro evangelio!

La Palabra de Dios dice que si un ángel bajará del cielo con otro evangelio al que nos dejaron Jesús y Sus apóstoles sea anatema (Gálatas 1:8-9).

Apuntes para estudiar:

1. ______________________________

2. ______________________________

3. ______________________________

4. ______________________________

5. ______________________________

Cuarta Escalera

SUEÑOS PARA MANTENER EN SILENCIO Y ORAR

“Oren sin cesar”.
(1 Tesalonicenses 5:17 NVI)

Si Dios te revela algo, no está en ti provocar que lo revelado ocurra, ten paz, paciencia y espera en Dios. Acuérdate, Dios no está obligado a decirte nada, pero Él lo hace por Su gran bondad y misericordia que tiene para con nosotros. Debemos orar e interceder acerca de lo que Dios nos ha revelado. Necesitamos actuar bajo revelación, no emoción. Abraham era un hombre que actuaba bajo la revelación divina de Dios en lugar del razonamiento humano. Dios compartía Sus secretos con él, "Y Jehová dijo: ¿Encubriré yo a Abraham lo que voy a hacer, habiendo de ser Abraham una nación grande y fuerte, y habiendo de ser benditas en él todas las naciones de la tierra?" (Génesis 18:17-18 RVR 1960).

Tienes que aprender a caminar en el conocimiento de la revelación y no te dejes guiar por tu razonamiento humano o emociones. "Y se cumplió la Escritura que dice: Abraham creyó a Dios, y le fue contado por justicia, y fue llamado amigo de Dios" (Santiago 2:23 RVR 1960). Jesús también quiere que tú seas Su amigo, y tener una relación íntima contigo. Por eso te revela cosas que van a suceder, para que tú también entiendas el plan que Dios tiene para tu vida o la vida de los demás y con tus sueños y visiones seas una bendición en la vida de muchos.

Sueños sólo para orar

Un ángel se le aparece a José

Aquí está una de las historias bíblicas más conmovedoras, se nos presenta en su máximo esplendor el poder de los sueños. Nos damos cuenta de que debemos ponerle mucha atención a los sueños porque es un medio que Dios utiliza para darnos un mensaje importante. Un ángel por sueño le dijo a José, que no abandonará a María y él obedeció, aunque no entendía lo que realmente estaba sucediendo en su vida. Muchas veces, Dios nos manda hacer algo y no obedecemos porque no entendemos el plan de Dios.

Lo más importante para Dios y lo único que le podemos dar de agrado es nuestra obediencia (Mateo 1:20-24). Te imaginas que pasaría si José hubiera salido por la calle emocionado diciendo: “María está embarazada de nuestro Salvador y yo seré su padre terrenal”. Las personas lo tildarían de loco y se hubiesen burlado de él y a María posiblemente la apedrearían. Porque en esa época cuando una mujer salía embarazada o tenía relaciones íntimas antes de casarse, era considerada adultera y por ello merecedora de la muerte.

La Biblia nos dice que Jesús llegó al vientre de María por obra del Espíritu Santo, pero las personas no le iban a creer. Para poder entender algo así tan grande, no es posible con razonamiento humano o por inteligencia; es por revelación del cielo y sabiduría de lo alto. Tal vez Jesús, el Salvador del mundo, no hubiera nacido y el plan perfecto de Dios para nuestras vidas no se hubiese cumplido. No dañe el plan que Dios le ha revelado, esperé pacientemente como dijo el salmista: "Pacientemente esperé a Jehová, Y se inclinó a mí, y oyó mi clamor" (Salmos 40:1 RVR 1960). Así pasa frecuentemente con las personas a quienes Dios les revela algo, lo divulgan a todos, y si pudieran también lo anunciarían en la televisión, radio y los periódicos. Cuando Dios te dice algo no es para que todos sepan, es para que te enteres del plan que Dios tiene para tu vida. Llegará "el tiempo Kairos de Dios", que significa el momento perfecto y asignado para que lo revelado ocurra, y entonces se llevará a cabo lo que Dios dijo sobre tu vida. Pero es al tiempo de Dios, no es en el tiempo que nosotros queremos que ocurran las cosas. Debemos de ser sabios como lo fue María quien guardaba y meditaba en secreto lo que se le revelaba acerca de Jesús (Lucas 2:19). Hay cosas que Dios nos revela para que las guardemos en nuestros corazones y en el tiempo perfecto de Dios las cosas sucederán. Dios no necesita tu ayuda. Él es Todopoderoso y tiene el control de todo.

El poder de la oración intercesora

La intercesión es ponerse en la brecha por alguien, ósea clamar a Dios por el bien de tu prójimo para beneficio de esa persona. Jesús nos manda amar a nuestro prójimo como a nosotros mismo, no hay una mejor manera de expresar el amor por alguien que interceder a través de la oración por esa persona delante del Padre en el nombre de Jesús (Juan14:13), interceder por los perdidos, enfermos, heridos, etc. Podemos interceder bien sea por personas o naciones (Santiago 5:16).

Pero debemos tener bien claro que Jesús es el único intercesor entre el Padre y el hombre porque Él es cien por ciento Dios y fue cien por ciento hombre, esto le da autoridad de poder pararse delante del Padre a suplicar por nosotros. Porque a través de la Cruz Su sacrificio perfecto nos da la gracia delante del Padre para redimirnos porque el Padre no nos ve a nosotros sino a Jesús Su hijo amado (1 Timoteo 2:5). Dios nos muestra sueños o visiones de peligro para que oremos y a través de nuestra intercesión evitar que esto suceda. Hay poder en la oración.

La oración salvó la casa

Conocí a una señora que le dijeron que iba a perder su casa. Dios me mostró varios sueños confirmándome que era cierto. Pero como somos hijos de un Dios Todopoderoso tuvimos fe en que Dios haría un milagro. "Pero sin fe, es imposible agradar a Dios; porque es necesario que el que se acerca a Dios crea que él está ahí, y que es galardonador de los que le buscan" (Hebreos 11:6 RVR 1960). En los sueños veía como las personas que vivían en la casa estaban desesperados porque no tenían adónde ir y eran echados fuera. Un grupo de hermanos de nuestra iglesia junto con la dueña de la casa y los que vivían en ella decidimos hacer un ayuno de varios días y orar en grupo dentro de la casa para que la mano de Dios interviniera de una manera sobrenatural. Después de varios días de oración y ayuno, un día una amiga de la señora supo de un buen abogado que había ayudado a otra persona a salvar su casa y le pasó la información. El día que la señora recibió la noticia de que su casa había sido salvada, Dios me mostró por sueño, cómo un avión grande estaba en tierra y estaba destrozando todas las casas del vecindario por donde vivía la señora y de repente paró al llegar a la casa de ella y no la destruyó. Después recibí la llamada con la buena noticia de agradecimiento por ayudar a interceder por la casa. La oración combinada con el ayuno toca el corazón de Dios.

El rey Acab se humilló a Dios en ayuno y cilicio y el Señor no derramó juicio contra él

El profeta Elías le había anunciado al rey Acab el juicio de Dios que venía por causa del pecado que se practicaba en su reino. Pero cuando el rey Acab se arrepintió de corazón Dios le dijo a Elías: "¿Has notado cómo Acab se ha humillado anti mí? Por cuanto se ha humillado, no enviaré esta desgracia mientras él viva…" (1 Reyes 21:29 NVI).

Dios nos revela secretos de otras personas

Cuando caminamos con Jesús, andamos en la luz. Dios nos revela Sus secretos y los de otras personas. El gran mandamiento dice, "…Amarás al Señor tu Dios con todo tu corazón, y con toda tu alma, y con toda tu mente. Este es el primero y grande mandamiento. Y el segundo es semejante: Amarás a tu prójimo como a ti mismo" (Mateo 22:37-39 RVR 1960). Dios quiere que dejemos de ser egoístas y comencemos a preocuparnos por las demás personas, "sobre todo, ámense los unos a los otros profundamente, porque el amor cubre multitud de pecados" (1 Pedro 4:8 NVI).

Si no podemos amarnos aquí en la tierra y llevarnos bien, de verdad, ¿Crees que Dios te llevará al cielo donde hay paz y armonía, para que con tu frialdad hacia tu hermano o hermana estés de pleitos y contiendas? Pues claro que no. "¿No saben que los malvados no heredarán el reino de Dios? ¡No se dejen engañar! Ni los fornicarios, ni los idólatras, ni los adúlteros, ni los sodomitas, ni los pervertidos sexuales, ni los ladrones, ni los avaros, ni los borrachos, ni los calumniadores, ni los estafadores heredarán el reino de Dios. Y eso eran algunos de ustedes. Pero ya han sido lavados, ya han sido santificados, ya han sido justificados en el nombre del Señor Jesucristo y por el Espíritu de nuestro Dios" (1 Corintios 6:9-11 NVI).

Tenemos que llevarnos bien aquí en la tierra y entonces nos ganaremos "la Corona de la Vida". "Bienaventurado el varón que soporta la tentación; porque cuando haya resistido la prueba, recibirá la corona de vida, que Dios ha prometido a los que le aman" (Santiago 1:12 RVR 1960). También Dios nos revela para que estemos bajo Su revelación divina y no confiemos en personas disfrazadas de ovejas, pero en realidad son lobos rapaces. A Dios le interesa tratar con nuestro corazón y por eso nos puede revelar situaciones difíciles que otras personas están enfrentando. Para que tú te compadezcas y tengas misericordia, no para que juzgues a la persona o la amenaces acerca de la revelación que Dios te reveló. Cuando Dios te revela que una persona está en pecado no es para que vayas corriendo y se lo digas a la persona. Y si eres un líder en una iglesia tomes el micrófono y se lo anuncies a toda la congregación haciéndole pasar una vergüenza a la persona. Por tu imprudencia puedes provocar que la persona deje de asistir a la iglesia y su alma se pierda. Dios te ha revelado ese pecado para que tú ores e intercedas por esa persona, para que la persona sea amonestada por el Espíritu Santo y deje de pecar. Tu deber es tener un espíritu de restauración y querer restaurar a esa persona en pecado, porque hoy es tu hermano o hermana, pero mañana podrías ser tú.

Si Dios te dice que tienes que decírselo a la persona, pues hazlo porque Él te respaldará. No podemos estar murmurando con otros hermanos acerca de las revelaciones de las vidas de otros. El único juez es Dios y el día del "Gran Trono Blanco" juzgará a todos por sus obras (Apocalipsis 20:11). Esa parte no nos toca a nosotros, sólo nos corresponde interceder por las almas de las personas para que Dios las guarde y sean salvas.

Apuntes para estudiar:

1. ________________________________

2. ________________________________

3. ________________________________

4. ________________________________

5. ________________________________

Quinta Escalera

SUEÑOS PARA SER COMPARTIDOS

"Porque no hará nada Jehová el Señor, sin que revele su secreto a sus siervos los profetas".
(Amós 3:7 RVR 1960)

No temas en hablar

"Porque nunca la profecía fue traída por voluntad humana, sino que los santos hombres de Dios hablaron siendo inspirados por el Espíritu Santo" (2 Pedro 1:21 RVR 1960). Si a Jesús le dijeron falso profeta, a ti también te dirán lo mismo, no temas en profetizar de parte de Dios. A Juan el Bautista le cortaron la cabeza, y el profeta Jeremías fue azotado y metido en un cepo. Jeremías recibía tanta presión y ataques que él hasta maldijo el día en que había nacido.

Él quiso dejar de profetizar, pero dijo: "si digo no me acordaré más de él, ni hablaré más en su nombre, entonces su palabra en mi interior se vuelve un fuego ardiente que me cala hasta los huesos. He hecho todo lo posible por contenerla, pero ya no puedo más" (Jeremías 20:9 NVI). Al final Jeremías continúo profetizando sin temor porque reconoció que Jehová estaba con él cómo poderoso gigante.

Profeta atalaya

Dios siempre te advertirá de una maldición antes de que entre a tu vida. Dándote la oportunidad para que cambies de dirección. En estos tiempos, Dios anda buscando atalayas como lo fue el profeta Ezequiel para que sean voces de alerta a personas, pueblos o naciones del peligro que se aproxima. "Hijo de hombre, yo te he puesto por atalaya a la casa de Israel; oirás, pues tú la palabra de mi boca, y los amonestarás de mi parte. Cuando yo dijere al impío: De cierto morirás; y tú no le amonestares ni le hablares, para que el impío sea apercibido de su mal camino a fin de que viva, el impío morirá por su maldad, pero su sangre demandaré de tu mano" (Ezequiel 3:17-18 RVR 1960). "A ti, pues, hijo de hombre, te he puesto por atalaya a la casa de Israel, y oirás la palabra de mi boca, y los amonestarás de mi parte" (Ezequiel 33:7 RVR 1960). Ese capítulo habla del llamado de atalaya del profeta, es un profeta de advertencia.

Las profecías tienen tres funciones: Edificación, exhortación y consolación (1 Corintios 14:3).

Sueños proféticos

Revelaciones proféticas son aquellas que tienen relación con sucesos futuros que cambiarán la historia de la humanidad.

Tal vez te estés preguntado: ¿Si ya estos acontecimientos proféticos están en la Biblia porque hay gente teniendo estas revelaciones, ¿cuál es el punto? Lo que pasa es que mucha gente no cree o lee la Biblia y necesitamos personas que tengan estas revelaciones proféticas para llevarlos a leer y creer en la Biblia. Dios busca todos los métodos posibles para llevarte a Su Palabra. Dios quiere recalcarte que los eventos en el libro de Apocalipsis son verdaderos, y pronto se llevarán a cabo. Dios está levantando gente en esta generación para que den testimonios y confirmen que estos eventos apocalípticos sucederán.

En este tiempo al igual que en la Biblia, Dios está dando sueños y visiones a profetas para que hablen de lo que ha de venir sobre la humanidad. Dios se les está revelando a gente común y corriente. Por eso hay personas que independientemente de su estrato social, raza o credo, están teniendo manifestaciones sobrenaturales. Tal vez la persona que Dios está levantando para darte estas revelaciones es una amiga, amigo, un familiar, un ser querido, una persona famosa o cualquier otro recurso necesario para captar tu atención.

Tú eres el centro de atención de Dios, Él te ama con un amor incondicional y te está llamando con lazos de amor antes de que sea muy tarde.

Uno de los profetas menores Joel dijo en el Viejo Testamento que en los postreros días Dios derramará Su Espíritu Santo sobre toda carne y nuestros hijos e hijas profetizarán, los jóvenes tendrán visiones y los ancianos tendrán sueños (Joel 2:28). Esto es señal de que estamos viviendo en los últimos tiempos ante la venida inminente de nuestro Señor Jesús. Cientos de años atrás Dios les había hablado a los profetas mayores acerca de los últimos tiempos. Por ejemplo, el profeta mayor Ezequiel (593-571 A.C.) tuvo visiones del fin del mundo y el otro profeta mayor Daniel también entre los años (553-536 A.C.); todo esto se registra en el Viejo Testamento. En el Nuevo Testamento Juan el discípulo amado concluye la segunda etapa de la Biblia con el libro menos entendido y más misterioso el "Apocalipsis", en donde él revela todas las visiones acerca de los acontecimientos finales de la humanidad. Mucho antes de la venida de Cristo la humanidad ha estado recibiendo revelaciones del cielo a través de los profetas acerca del fin. Dios tiene un amor muy grande por nosotros y nunca lo entenderemos, Su amor es sobrenatural y Su misericordia es grande. Él quiere que nos salvemos y nos alerta una y otra vez para que leamos Su Palabra y obedezcamos a Sus mandatos.

Jesús nos dice en Su Palabra que Él es el Alfa y Omega, principio y el fin, el que es, era y ha de venir. Con estas palabras nos damos cuenta de que el espacio-tiempo no existe en la eternidad, para Dios no existe el tiempo porque Él es la eternidad. Por lo que Dios nos puede revelar sucesos pasados, presentes y futuros. Para

Dios mil años es como un día, y un día como mil años (2 Pedro 3:8).

Dios es la eternidad, y para Él el tiempo no existe. Nosotros los seres humanos establecemos el tiempo en las siguientes dimensiones: pasado, presente y futuro. Es por eso por lo que Él puede permitir que nuestros espíritus se muevan en una de esas dimensiones, ya que nuestro espíritu no es materia. Por lo tanto, Dios puede transportarnos hacia el futuro y el pasado; en el ámbito espiritual, todo ya está establecido. Dios conoce su primer y último día en la tierra.

El nuevo orden mundial

Los cristianos al igual que las personas no creyentes están a la expectativa del Nuevo Orden Mundial en el cual todos los países se unirán con el plan de establecer una globalización. Desde hace casi 2,000 años atrás la Biblia predice acerca de un gobierno mundial. En Apocalipsis capítulo 13, nos muestra una representación de la sociedad bajo la autoridad del anticristo, quien estará poseído por el espíritu de Satanás quedando el mundo completamente bajo su autoridad. Tendrá el absoluto control político y militar del mundo, y con la ayuda del falso profeta (Apocalipsis 19:20) establecerá un sistema religioso unificado y global.

El anticristo será la personificación literal del mismo Satanás. La Biblia nos dice que, en los últimos días, el mundo será gobernado por un hombre. Este quién gobernará sobre toda la raza humana religiosa, política y económica, hablará grandes blasfemias contra Dios y se sentará como un dios en el nuevo Templo construido por los judíos. Pero al leer las escrituras nos daremos cuenta de que este hombre no es Dios. Llegado el tiempo él dirigirá una rebelión contra Dios, pero su fin será la destrucción por el Rey de reyes y Señor de señores, Jesús. Se levantará una estatua del anticristo para que todos le adoren y los que no cumplan con este mandato serán asesinados.

En un sueño, estaba en frente de una gran estatua, que representaba al Anticristo. Apocalipsis 13:15, dice acerca de una imagen que se creará y obligará a todos los habitantes de la tierra a adorarla. También tuve otro sueño que estaba mirando por una ventana al Anticristo marchar en la calle con sus guardaespaldas, vestidos de trajes negros. Dios está advirtiendo que falta poco tiempo para que el anticristo se manifieste a la luz pública.

¡Jesús viene pronto!

Tuve un sueño en el cual vi una luz amarilla y a Jesús en el aire con los brazos abiertos, todos lo verán y lo honrarán. "He aquí que viene con las nubes, y todo ojo le verá, y los que le traspasaron; y todos los linajes de la tierra harán lamentación por él. Sí, amen" (Apocalipsis 1:7 RVR 1960).

¿Cuándo ocurrían estas profecías?

Usualmente cuando los profetas reciben revelaciones de Dios no saben el día exacto en el cual las revelaciones se van a cumplir, pues el mismo Jesús dijo acerca de Su Segunda Venida que Él no sabía el Día ni la Hora cuando regresaría sino sólo el Padre (Mateo 24:36).

Apuntes para estudiar:

1. ______________________________

2. ______________________________

3. ______________________________

4. ______________________________

5. ______________________________

Sexta Escalera

¿QUIÉN RECIBE REVELACIÓN DIVINA?

"Clama a mí, y yo te responderé, y te enseñaré cosas grandes y ocultas que tú no conoces". (Jeremías 33:3 RVR 1960)

¿Alguien que no cree o no conoce a Jesús, puede recibir revelación divina?

Claro que sí, la Biblia nos muestra diversos casos donde Dios se les reveló a personas a través de sueños o visiones para poder comunicar un mensaje importante. Debemos cuidarnos de no cometer el error de decirle a una persona que no cree o no conoce de Dios, que sus sueños o visiones no provienen de Él.

Dios es Soberano y Todopoderoso y puede hacer lo que Él quiera con quien Él quiera. Nosotros no estamos llamados a cuestionar o entender todas las cosas. Dios siempre sabe lo que hace, aunque en ocasiones no entendamos el propósito. Guardemos la esperanza de que lo que no entendemos hoy lo entenderemos mañana. No pienses que no eres especial para Dios y nunca dudes de que Dios te pueda hablar a ti personalmente.

La esposa de Poncio Pilato

La esposa de Poncio Pilato no era creyente de Jesús y aún así Dios le habló por sueños amonestándole que Jesús no era un criminal. Por motivo de las fiestas que Pilato tenía por costumbre soltar a un preso, en esta ocasión él puso a elegir al pueblo judío entre Barrabás o Jesús y optaron por Barrabás. Él no le puso atención a los sueños de su esposa donde ella le advertía que no tuviera nada que ver con enjuiciar a Jesús porque Él era justo (Mateo 27:15-19).

El encuentro de Pablo con Dios a través de una visión

El apóstol Pablo, antes de seguir a Cristo se llamaba Saulo y perseguía a los cristianos para matarlos. Aun así, Dios tuvo misericordia para con él y lo llamó a predicar Su Palabra. Dios es bueno y justo. Jesús murió por todos en la cruz del calvario, así que no importa cual haya sido el pecado cometido.

Tú quizás pienses que Dios no te perdonará y no te usará como instrumento para Su gloria, pero recuerda que para Dios no hay favoritismo (Romanos 2:11). Cuando Pablo iba camino a Damasco de repente una luz brillante desde el cielo le rodeó y cayendo en tierra, escuchó una voz que le decía: "Saulo, Saulo, ¿por qué me persigues?" Era el Señor Jesús que en ese momento le estaba haciendo el llamado a Pablo y él reconoció Su voz y le obedeció al decirle: "Señor ¿qué quieres que haga?" (Hechos 9:1-5).

¡Los magos, adivinos, hechiceros, y astrólogos no son mensajeros de Dios!

Los magos y los sabios eran comunes en los palacios de los reyes antiguos. Tenían varias tareas y entre ellas estaban incluidas estudiar las ciencias, las artes sagradas, predecir el futuro, leer las estrellas e interpretar los sueños. Ellos tenían poder, pero su poder provenía de satanás, la Biblia nos dice que nuestra lucha no es contra carne ni sangre, sino que es espiritual. Hay dos poderes: el bueno y el malo, pero de Dios es el poder.

Magos – Los magos son personas que hacen trucos con técnicas sorprendentes que parecen reales. Emplean ciertas prácticas y conocimientos con lo que pretenden conseguir cosas extraordinarias. Gracias a la ayuda de seres o fuerzas sobrenaturales a quienes describe la Biblia como fuerzas antagónicas de las tinieblas.

Los que practican la magia blanca o negro están bajo ciertos límites en cuanto a lo que pueden lograr. Aunque pueda parecer que los magos son capaces de duplicar el poder de Dios, nunca estarán a la altura de lo que Dios es capaz de lograr.

"Pero había un hombre llamado Simón, que antes ejercía la magia en aquella ciudad, y había engañado a la gente de Samaria, haciéndose pasar por algún grande. A éste oían atentamente todos, desde el más pequeño hasta el más grande, diciendo: Este es el gran poder de Dios. Y le estaban atentos, porque con sus artes mágicas les había engañado mucho tiempo" (Hechos 8:9-11 RVR 1960).

Adivinos – Son maestros de la mente mágica, prometen el pronóstico del futuro, riquezas, amor y salud. Por otra parte, los Encantadores usan conjuros para poner a alguien o algo bajo un hechizo. Los Encantadores tienen la capacidad de encanto e influencia, crear emoción, atracción, pasión y amor. Y también pueden cambiar la apariencia de los ojos de los demás para mejorar su atractivo.

"Y si os dijeren: Preguntad a los encantadores y a los adivinos, que susurran hablando, responded: ¿No consultará el pueblo a su Dios? ¿Consultará a los muertos por los vivos?" (Isaías 8:19 RVR 1960).

Hechiceros – Practican el ocultismo y tienen relación con los espíritus demoniacos. Los poderes que los demonios les dan tienen efecto tanto en animales, como en los hombres. Esto significa que tienen la potestad de levantar objetos, y la facilidad de que otros espíritus malignos puedan poseer un cuerpo para rendirle homenaje en cultos satánicos. La brujería se relaciona más estrechamente con un llamamiento a los demonios para crear situaciones negativas alrededor de las personas. Estas prácticas también pueden influir y tomar control del estado de ánimo de la persona.

"No acudan a la nigromancia, ni busquen a los espiritistas, porque se harán impuros por causa de ellos. Yo soy el Señor su Dios" (Levítico 19:31 NVI). "Y manifiestas son las obras de la carne, que son...hechicerías...los que practican tales cosas no heredarán el reino de Dios" (Gálatas 5:19-21 RVR 1960).

Astrólogos – Por último, una de las formas más antiguas de lo oculto todavía practicada hoy en día es la astrología. Astrólogos predicen eventos futuros por la posición de las estrellas, el sol, la luna y los planetas. Es muy común encontrar astrólogos y sus predicciones en la radio, televisión y redes sociales. Para muchas personas, es muy normal disfrutar de este tipo de prácticas tales como horóscopos lectura de las cartas del tarot, las tazas, y las manos, entre otros.

"¡Los muchos consejos te han fatigado! Que se presenten tus astrólogos, los que observan las estrellas, los que hacen predicciones mes a mes, ¡que te salven de lo que viene sobre ti! ¡Míralos! Son como la paja, y el fuego los consumirá. Ni a sí mismos pueden salvarse del poder de las llamas…" (Isaías 47:13-14 NVI).

El rey Nabucodonosor y Daniel

El rey Nabucodonosor tuvo un sueño que lo dejó perturbado. Mandó a llamar a los adivinos, magos, hechiceros y astrólogos, para que le dijeran el sueño y su interpretación y si no lo hacían los iba a mandar ejecutar. Los astrólogos y los otros sabios no pudieron decirle el sueño ni mucho menos interpretárselo, era algo que sólo una persona con conexión al Dios Altísimo podría revelarle (Daniel 2:10-11).

Pero hubo uno llamado Daniel a quien Jehová le hablaba por sueños y visiones que pudo decir el sueño y su interpretación. Éste es un vivo ejemplo de que nos tenemos que dar cuenta que los adivinos, los magos, los hechiceros y los astrólogos no son mensajeros de Dios. El único verdadero poder proviene de Jehová, Jesús y el Espíritu Santo. ¿Para qué ir donde un hechicero? Cuando puedo clamar al Dios Altísimo quien me escucha, me responderá y me guiará a Su perfecta voluntad. En cambio, los hechiceros son mensajeros de satanás, él busca desviarnos del camino de Dios y encaminarnos hacia el infierno. Dios aborrece a los hechiceros, "nadie entre los tuyos deberá sacrificar a su hijo o hija en el fuego; ni practicar adivinación, brujería o hechicería; ni hacer conjuros, servir de médium espiritista o consultar a los muertos. Cualquiera que practique estas costumbres se hará abominable al Señor, y por causa de ellas el Señor, tu Dios, expulsará de tu presencia a esas naciones. A los ojos del Señor, tu Dios, serás irreprensible" (Deuteronomio 18:10-13).

El rey Nabucodonosor reconoce la soberanía de Dios

"Al oír esto, el rey Nabucodonosor se postró ante Daniel y le rindió pleitesía, ordenó que se le presentara una ofrenda e incienso, y le dijo: ¡Tu Dios es el Dios de dioses y el soberano de los reyes! ¡Tú Dios revela todos los misterios, pues fuiste capaz de revelarme este sueño misterioso! Luego el rey puso a Daniel en un puesto prominente y lo colmó de regalos, lo nombró gobernador de toda la provincia de Babilonia y jefe de todos sus sabios" (Daniel 2:46-48 NVI).

Tenemos que darle la gloria a Jehová en todo tiempo porque Él es el único que conoce todas las cosas y puede revelar los misterios más profundos. Por muy poderoso que fuera el rey Nabucodonosor en la tierra él tuvo que humillarse y reconocer que tan sólo era un simple mortal, y que había un Dios en los cielos más grande y poderoso que él.

¿Por qué la gente acude a los hechiceros?

Las personas acuden a los brujos para adquirir fama, fortuna, poder y amor. Satanás es el príncipe de este mundo y Dios le ha delegado cierta autoridad. En los siguientes versículos vemos un ejemplo de la manifestación de un milagro con la vara de Aarón y la de los hechiceros. La de los hechiceros es una manifestación de los poderes de las tinieblas a través de la magia negra.

"Habló Jehová a Moisés y a Aarón, diciendo: Si Faraón os respondiere diciendo: Mostrad milagro; dirás a Aarón: Toma tu vara, y échala delante de Faraón, para que se haga culebra. Vinieron pues, Moisés y Aarón a Faraón, e hicieron como Jehová lo había mandado. Y echó Aarón su vara delante de Faraón y de sus siervos, y se hizo culebra. Entonces llamó también Faraón sabios y hechiceros, e hicieron también lo mismo los hechiceros de Egipto con sus encantamientos; pues echó cada uno su vara, las cuales se volvieron culebras; más la vara de Aarón devoró las varas de ellos" (Éxodo 7:8-12 RVR 1960).

El faraón se enfocó más en el milagro que hicieron los hechiceros, que en el mensaje de Dios para que soltara al pueblo de Israel de la esclavitud. Así hay mucha gente hoy día, sólo quieren ver los milagros manifestados sin importar de dónde provienen. Estamos viviendo en los tiempos donde las personas quieren todo rápido. No quieren esperar pacientemente, y ese espíritu de desesperación los lleva al fracaso. Los hechiceros les prometen beneficios inmediatos sin exigir un cambio de vida a la persona o compromiso con Dios. Inconsciente o conscientemente estás firmando un pacto de muerte con satanás, quien tarde o temprano vendrá a cobrarte la factura al precio de tu alma. En cambio, Dios te ofrece por medio de Su hijo Jesús el regalo de la salvación eterna aceptándolo en tu corazón como Señor y Salvador (Romanos 10:9-10). Dios sabe el momento en que tú debes recibir la bendición. Dios no llega tarde ni temprano siempre llega a tiempo. Él conoce los tiempos y sabe cuándo nuestras vidas están preparadas para recibir la bendición.

"Porque ¿qué aprovechará al hombre, si ganare todo el mundo, y perdiere su alma? ¿O qué recompensa dará el hombre por su alma?" (Mateo 16:26 RVR 1960).

Necesitamos profetas en los palacios presidenciales

"¡Es necesario obedecer a Dios antes que a los hombres!..." (Hechos 5:29 NVI). Necesitamos a los profetas de Dios en los palacios. Esto significa que es imprescindible la presencia de hombres y mujeres llenos del poder del Espíritu Santo de Dios en posiciones importantes. Que van a influenciar en la toma de decisiones para beneficio del pueblo, ya sea directa o indirectamente. Por ejemplo, en la política, en las leyes, cortes y los medios de comunicación. Un sueño puede cambiar la vida de una persona o la de una nación. Los soñadores son portavoces de Dios y se necesitan en lugares estratégicos, donde ejercerán influencias sobre los gobernantes y cambiarán las vidas de millones.

Cuando Jehová se le apareció por sueño al rey Salomón, éste le pidió sabiduría y llegó a ser el hombre más sabio y rico que ha existido en la tierra. Los soñadores José y Daniel instruían a los gobernantes de su tiempo. De la misma manera que Jehová hablaba lo puede hacer hoy día. Dios es el mismo de ayer, hoy y mañana, Él nunca cambia. Dios necesita que Su Palabra sea enviada a las naciones. Por eso en el Viejo Testamento coordinó los eventos para poder posicionar a Sus profetas José y Daniel en los palacios de los reyes. El don de interpretar los sueños es importante para las naciones. José y Daniel fueron soñadores e intérpretes, sus sueños lo llevaron a un alto rango en los reinos donde servían. Fueron visionarios divinos y sus interpretaciones los proyectaron al frente internacional como profetas con autoridad para gobernar. Necesitamos hombres y mujeres que estén en lugares estratégicos predicando la Palabra de Dios. Orando, ayunando y en vigilia clamando al Dios Todopoderoso, para escuchar la voz de Jehová y dirigir al país en bendición. Tenemos que entregar nuestros países a Dios para que nos proteja de las maldiciones y andemos en bendición.

¿Si Dios existe, porque hay tanta malicia en el mundo: violencia, hambruna, guerras, desastres naturales, pobreza y sufrimiento?

La solución a todas esas preguntas está en el siguiente versículo: “Si mi pueblo, que lleva mi nombre, se humilla y ora, y me busca y abandona su mala conducta, yo lo escucharé desde el cielo, perdonaré su pecado y restauraré su tierra” (2 Crónicas 7:14 NVI).

No adorar a ángeles, muertos o santos ¡sólo a Jesús!

"Porque hay un solo Dios, y un solo mediador entre Dios y los hombres, Jesucristo hombre, el cual se dio a sí mismo en rescate por todos, de lo cual se dio testimonio a su debido tiempo" (1 Timoteo 2:5-6 RVR 1960). "Jesús le dijo: Yo soy el camino, la verdad, y la vida; nadie viene al Padre, sino por mí" (Juan 14:6 RVR 1960).

Jesús es superior a los ángeles

"Porque ¿A cuál de los ángeles dijo Dios jamás: Mi Hijo eres tú, Yo te he engendrado hoy, y otra vez: Yo seré a él Padre, Y él me será a mí hijo? Y otra vez, cuando introduce al Primogénito en el mundo, dice: Adórenle todos los ángeles de Dios" (Hebreos 1:5-6 RVR 1960).

A través de estos textos bíblicos podemos ver la supremacía de Jesús sobre los ángeles y toda la creación. La modalidad de consultar a los muertos y adorar a los supuestos santos o ángeles se ha convertido en una práctica muy común. Esta acción es condenada por Dios en la Biblia. Es pecado. Los rituales, como la adoración a los muertos o veneración de ídolos, no están registrados en la Biblia como una práctica permitida. Sino todo lo contrario, es ofensiva ante la presencia del Dios vivo.

El diablo se viste como ángel de luz para traer confusión sobre la humanidad: Lo que se le aparezca en sueños o visiones trayendo consigo supuestamente algún tipo de mensaje divino, sino hace referencia a la Palabra de Dios, entonces no proviene de Dios, pero sí de algún tipo de entidad demoniaca. "Los ídolos hablan con engaño, los adivinos tienen sueños falsos; hablan de visiones engañosas y consuelan con fantasías" (Zacarías 10:2 NVI).

Nigromancia

Nigromancia es una práctica común hoy día, es un esfuerzo para comunicarse con e interrogar a los muertos. La Biblia explica que los muertos no pueden comunicarse con los vivos, es sólo lógico saber que aquellos que dicen tener esta capacidad están mintiendo o ellos mismos son los que se están engañado. Nigromante en los ojos del Señor se considera como una abominación (Deuteronomio 18: 11-12).

Los muertos no tienen autoridad, no pueden salir en sus sueños o visiones, ya no tienen acceso a la tierra. Los demonios pueden tomar forma de seres queridos ya fallecidos para atormentarte o supuestamente traer consuelo. Para que los adoren, y les rindan rituales como prenderles velas, comprarles flores, darse baños con hierbas, etc. Somos tripartitos, esto significa que al morir nuestra carne se desintegra, el espíritu regresa con Dios y el alma va al cielo o al infierno por una eternidad.

“Volverá entonces el polvo a la tierra, como antes fue, y el espíritu volverá a Dios, que es quien lo dio” (Eclesiastés 12:7 RVR 1960). “Porque los que viven saben que han de morir; pero los muertos nada saben, ni tienen más paga; porque su memoria es puesta en olvido. También su amor, su odio y su envidia fenecieron ya; y nunca más tendrán parte en todo lo que se hace debajo del sol” (Eclesiastés 9:5-6 RVR 1960).

Los santos

Hay prácticas religiosas que se nos han inculcado como parte de nuestras tradiciones culturales que desafortunadamente no son de Dios. La Biblia habla y condena la adoración a cualquier imagen o ídolo que ocupe el lugar de Dios en tu corazón. En muchas culturas se ha inculcado la "veneración" a imágenes religiosas estando esta práctica condenada por Dios en el libro de Éxodo que nos dice con respecto a este tema: "No tengas otros dioses además de mí. No te hagas ningún ídolo, ni nada que guarde semejanza con lo que hay arriba en el cielo, ni con lo que hay abajo en la tierra, ni con lo que hay en las aguas debajo de la tierra. No te inclines delante de ellos ni los adores. Yo, el Señor tu Dios, soy un Dios celoso…" (Éxodo 20:3-5 NVI).

Algunas culturas brindan homenaje y reverencia a personas como si fueran dioses, la Palabra de Dios nos dice que no hay ni un solo justo en la tierra que haga el bien y nunca haya pecado (Eclesiastés 7:20).

No repetir oraciones vanas

"Y al orar, no hablen sólo por hablar como hacen los gentiles, porque ellos se imaginan que serán escuchados por sus muchas palabras" (Mateo 6:7 NVI).

Orar el "Padre Nuestro"

"Vosotros, pues, oraréis así: Padre nuestro que estás en los cielos, santificado sea tu nombre. Venga tu reino. Hágase tu voluntad, como en el cielo, así también en la tierra. El pan nuestro de cada día, dánoslo hoy. Y perdónanos nuestras deudas, como también nosotros perdonamos a nuestros deudores. Y no nos metas en tentación, más líbranos del mal; porque tuyo es el reino, y el poder, y la gloria, por todos los siglos. Amén." (Mateo 6:9-13 RVR 1960). "El cielo y la tierra pasarán, pero mis palabras no pasarán" (Mateo 24:35 RVR 1960).

¿Cómo crear una relación con Dios?

"Pero el hombre natural no percibe las cosas que son del Espíritu de Dios, porque para él son locura, y no las puede entender, porque se han de discernir espiritualmente" (1 Corintios 2:14 RVR 1960). Es simple y fácil, Dios es Espíritu y se busca por medio de la lectura bíblica, oración, ayuno, vigilia y la obediencia. Ningún ser humano es perfecto, pero cuando el poder del Espíritu Santo toma dominio y control de nuestro espíritu, profetizamos, hacemos milagros, y tenemos la autoridad de echar fuera demonios.

Pero fuera de la presencia del Espíritu Santo sólo somos simples mortales. Sin Dios estamos desprotegidos, muchos han olvidado dar el primer lugar a Dios en sus vidas. Tenemos que reconocer quién es Dios, no sólo saber quién es, porque hasta satanás lo conoce. Hay que amarlo y obedecer Sus mandatos para ver las maravillas que Él tiene para los que le aman.

El poder de leer la Biblia: Los libros te informan, pero la Biblia te transforma, y es el único libro que cuando lo lees el autor el "Espíritu Santo" siempre está presente. Leer la Biblia es alimentación para el alma y sabiduría a la mente. A través de la Palabra de Dios podrás entender quién es Dios, cómo obedecerle y lo que Él quiere para tu vida.

El poder de la oración: La oración es un proceso de comunicación que nos permite hablar con Dios. En la oración podemos interceder por los demás (Efesios 6:18-19), conocer el propósito de Dios para nuestras vidas y dar gracias. La oración te conforta, fortalece y te lleva a una nueva dimensión. Un nuevo nivel de intimidad donde te conectas al mundo espiritual estableciendo en el espíritu lo que se va a materializar en lo físico. Es decir, trayendo las cosas del mundo espiritual al mundo natural.

El apóstol Pablo recibía visiones mientras oraba, "Y se le mostró a Pablo una visión de noche: un varón macedonio estaba en pie, rogándole y diciendo: Pasa a Macedonia y ayúdanos. Cuando vio la visión, en seguida procuró partir para Macedonia, dando por cierto que Dios lo llamaba para que anunciara el evangelio" (Hechos 16:9-10 RVR 1960).

El poder del ayuno: Nosotros los seres humanos somos seres tripartitos, estamos compuestos de espíritu, alma y cuerpo. El alma es neutra dejándose dirigir por quien sea más fuerte en nosotros dígase el cuerpo o el espíritu. A través del ayuno debilitamos nuestra carne tomando nuestro espíritu la mayordomía, Dios nos habla en todo momento y al estar nuestro espíritu en control la comunicación entre Dios y nosotros resulta más directa. Dios es espíritu y cuando se comunica con nosotros es a través de nuestro espíritu. El ayuno es un periodo en que la gente se abstiene de ingerir alimentos para acercarse a Dios con dolor y humildad. Nuestra carne se debilita, pero nuestro espíritu se fortalece y nuestros oídos y ojos pueden escuchar y ver el mundo espiritual. Es un tiempo para buscar a Dios, estar en Su presencia, y recibir Su favor sobre su vida mientras que las puertas comienzan a abrirse de una manera sobrenatural.

La reina Ester a través del ayuno logró salvar a su pueblo. El rey Asuero motivado por su siervo Amán mandó a matar a los judíos. La reina Ester era judía y el rey Asuero no lo sabía, pero ella aun con temor se armó de valentía y mandó a Mardoqueo a decirle a su pueblo judío que ayunaran. Cuando la reina Ester se presentó delante del rey Asuero en el palacio, Dios le dio gracia ante él para que su petición fuera concedida de salvar a su pueblo (véase libro de Ester).

El poder de la vigilia: La vigilia nos recuerda que debemos estar vigilantes y despiertos orando durante toda o parte de la noche. Esta acción también es conocida como ser centinela o guardia por la noche. Dios es omnipotente, omnisciente y omnipresente, pero algo que nos debe llamar la atención es que muchas personas han testificado haber tenido encuentros sobrenaturales usualmente en las noches. Dios visita la tierra en las mañanas (Job 7:18) refiriéndose a después de las 12am. La vigilia es una de las cosas que te ayuda a entrar más a la presencia de Dios, las veces que he tenido encuentros con Jesús han sido en las madrugas. El mundo espiritual se activa más en las noches tanto el bien como el mal. Por esta razón la mayoría de los trabajos de hechicería se realizan a las 12am tomando curso a partir de la una de la mañana. En las madrugadas las influencias del mal y el bien se intensifican tan fuertemente que debemos atar (Mateo 12:29), desatar (Mateo 16:19) y echar fuera en el nombre de Jesús (Marcos 16:17-18) toda influencia de las tinieblas antes de que raye el alba.

"Levántate, da voces en la noche, al comenzar las vigilias; Derrama como agua tu corazón ante la presencia del Señor…" (Lamentaciones 2:19 RVR 1960). En la cuarta vigilia de la noche Jesús se le aprecio a sus discípulos en una nueva dimensión caminado sobre las aguas (Mateo 14:25).

El poder de la obediencia: "El que dice: Yo le conozco, y no guarda sus mandamientos, el tal es mentiroso, y la verdad no está en él; pero el que guarda su palabra, en éste está verdaderamente el amor de Dios que se ha perfeccionado; por esto sabemos que estamos en él" (1 Juan 2:4-5 RVR 1960).

Apuntes para estudiar:

1. ____

2. ____

3. ____

4. ____

5. ____

Séptima Escalera

¡VISIONES SOBRENATURALES CON JESÚS!

"Pero cuando se conviertan al Señor, el velo se quitará. Porque el Señor es el Espíritu; y donde está el Espíritu del Señor, allí hay libertad. Por tanto, nosotros todos, mirando a cara descubierta como en un espejo la gloria del Señor, somos transformados de gloria en gloria en la misma imagen, como por el Espíritu del Señor".
(2 Corintios 3:16-18 RVR 1960)

¡Cara a cara con Jesús!

El 1 de agosto del año 2013, durante una vigilia, mientras oraba postrada en el altar de mi iglesia, tenía la mente en blanco y no podía orar y pensé, Padre usted dice que con sólo decir Su nombre es suficiente. Comencé a decir Jesús numerosas veces, después de un tiempo tuve una visión y vi que un personaje traspasó las puertas de cristal de la iglesia y tenía vestiduras blancas y un manto que cubría Su rostro mientras caminaba hacia mí. Cuando llegó, me dio la vuelta y se inclinó hacia mí para poder darme el frente y subió Su manto y le ví Su rostro. Sus ojos eran como llamas de fuego y Su cara brillaba semejante al sol, lo miraba, pero mis ojos no soportaban aquel maravilloso resplandor que salía de Su cara, demasiada gloria para que un ser humano la resista. Su rostro era tan radiante que ojos humanos no pueden verlo por mucho tiempo, porque sientes que te quema la vista. Luego Jesús puso Su mano derecha sobre mi espalda y sentí un calor por todo mi cuerpo. Sentía que me estaba quemando, mi cuerpo se enrojecía y sentía como ese fuego se expandía en todo mí ser, mientras Su mano posaba sobre mi espalda. Después caí en cuenta que era Jesús y pensé ¿qué puedo decirle al Rey de reyes y Señor de señores? Se me ocurrió decirle "llévame contigo" y luego desapareció.

La Biblia registra que cuando el apóstol Juan vio a Jesús en la isla Patmos, los ojos del Señor eran como llamas de fuego y Su rostro brillaba como el sol en su mayor esplendor (Apocalipsis 1:12-16). Nunca se me ocurrió que con sólo decir el nombre de Jesús aparecería mi maravilloso Señor. A veces no sabemos cómo orar, pero he aprendido que con sólo decir Su nombre es suficiente. Pensamos que tenemos que hacer una oración hermosa y elaborada, cuando todo lo que Jesús quiere es un corazón puro que esté dispuesto a amarlo y hacer Su voluntad.

Jesús azotado antes de ser Crucificado

La noche del 15 de enero del año 2014, al llegar a casa, me acosté para hablar con Dios. De repente, tuve una visión y vi a Jesús en el piso lleno de sangre y me dijo: "¿Tú sabes lo que es tener tu último respiro a fuetazos? Me dieron fuetazos hasta por los ojos" y se esforzaba en abrir sus ojos y mirarme. "No dejaron lugar donde no me azotaran". Le pregunté: "¿Por qué dejaste que te hicieran eso?" Me respondió: "Morí en la Cruz para que entiendan mi amor por la humanidad". Comencé a llorar desesperadamente y le dije a Dios: "por favor quíteme esta visión es muy fuerte". Me quebranté como nunca. Nunca había sentido una tristeza y dolor tan profundo en mi vida.

Hasta el día de hoy cuando me acuerdo de esa visión mi espíritu se turba y se entristece en gran manera. Dios quería que lo viera bajo esa terrible condición para escribir este libro y decirle a la gente que: "Él nos ama con todo su corazón". Nosotros somos el centro de Su atención y Él está dispuesto hacer cualquier cosa por nuestro amor. Su amor sobrepasa todo entendimiento humano. Su amor no se puede entender ni medir porque Él es Dios y Él es la verdadera definición de lo que es el amor. Al ver a Jesús pasar por todo ese dolor solo me hace querer amarle más y cumplir Su propósito divino aquí en la tierra.

Cuando no tengo fuerzas para seguir adelante, me acuerdo de la impactante visión y me doy cuenta de que no puedo dejar de predicar Su Palabra porque Él lo dio todo por mí y debo darlo todo por Él. Una cosa es leer las historias de la Biblia acerca de Jesús y otra muy distinta es vivir realmente la experiencia, verlas con tus propios ojos. He tenido momentos en los que me he sentido débil en la fe, pero después de ver tan gran sacrificio que Jesús hizo por nosotros en la Cruz, mi corazón no puede ser indiferente a tan hermoso amor que Dios tiene para nosotros.

Jesús me lleva a la Cruz el Día de Su Crucifixión

En el verano del 2012, en la iglesia en uno de los servicios dominicales, tuve una experiencia espiritual impactante. Los pastores invitaron a una profetisa a hablar sobre su poderoso testimonio de como ella murió y regreso a la vida. Durante ese tiempo, visitó el cielo y el infierno y ahora ella estaba lista por contarle al mundo acerca de su experiencia. La profetisa habló sobre el día de la crucifixión, el día más crucial de la historia. Cuando Dios miró hacia abajo y vio a Su Hijo llevando el pecado del mundo, se apartó de Él. El Padre se apartó por el dolor que sentía, de como el pecado de la humanidad había enviado a Su Hijo a la cruz. ¡Cerré los ojos y tuve una visión de ese día! El Señor me llevó en el espíritu, lo primero que vi fue la parte inferior de la cruz de madera y numerosas casas que podía ver de lejos.

El cielo se oscureció, se volvió gris y luego negro, y un viento fuerte sopló sobre mí. Después, un terremoto sacudió la tierra y se abrieron grietas en el suelo, estremeciendo todo. No vi a Jesús, pero nunca olvidaré ese momento tan impactante. Cuando salí de la iglesia ese día, se me quedó ese miedo de lo que había visto por varios días. Tres años después, estaba orando, y Dios me llevó en el espíritu al momento en el cual el templo se estaba desmoronando. Fue una escena tan fuerte, pero en esa ocasión no tenía miedo.

"Cuando era como la hora sexta, hubo tinieblas sobre toda la tierra hasta la hora novena. Y el sol se oscureció, y el velo del templo se rasgó por la mitad. Entonces Jesús, clamando a gran voz, dijo: Padre, en tus manos encomiendo mi espíritu. Y habiendo dicho esto, expiró" (Lucas 23:44-46 RVR 1960). Qué aterradora escena, ni siquiera una escena de una película puede capturar ese momento tan fuerte y tenebroso. A veces decimos que queremos revivir esas escenas bíblicas, pero la realidad es otra. No puedo imaginar la soledad que nuestro Señor Jesús estaba sintiendo en ese día, en el cual Su propio Padre tuvo que separarse de Él. Habrá momentos en los que vamos a atravesar situaciones difíciles, pero Jesús está siempre con nosotros, la prueba de Su amor está cuando Él murió en la Cruz por nosotros.

Jesús ceñido con cinto de oro

En septiembre del año 2013, estaba muy triste y fui a una vigilia en mi iglesia, estaba aturdida por muchas cosas y solo quería estar en la presencia de mi Padre. Al acostarme en el piso en cilicio para orarle le dije que no me mostrara revelaciones que sólo quería saber que Él me amaba. Caí en un sueño profundo. Vi cuando se me apareció el Rey de Reyes. No pude ver bien Su rostro; tenía una vestidura blanca, parecía una túnica que le llegaba hasta los pies y tenía un cinto color de oro ceñido al pecho. Me dijo que no iba a continuar ejerciendo como escritora para la compañía la cual trabajaba. Sino que iba a ejercer mi profesión de periodista para Su obra, donde haría historias relacionadas acerca del mundo cristiano y la Biblia. Y luego extendió Su mano sobre mí y me dijo, "no te preocupes mi hija".

"Y en medio de los siete candeleros, a uno semejante al Hijo del Hombre, vestido de una ropa que llegaba hasta los pies, y ceñido por el pecho con un cinto de oro" (Apocalipsis 1:13 RVR 1960). Jesús no quiere que nos preocupemos por la situación difícil que podríamos estar enfrentando, porque Él tiene todo bajo control y nunca nos dejará. Él siempre estará con nosotros para cuidarnos y guiarnos a Su perfecta voluntad y bendiciones, hasta que estemos con Él en la eternidad.

Jesús es el Príncipe de Paz

Una noche, tuve un sueño en el que vi a Jesús, no podía ver Su rostro con claridad, pero esta vez fue una sensación diferente que las anteriores, me sentía borracha en el Espíritu con Su paz. Jehová Shalom significa Dios es paz; Él quiere que entendamos que sólo Él puede darnos la paz que sobrepasa todo entendimiento (Isaías 9:6).

El cielo

No habrá noche. Nuestros cuerpos estarán perfectamente glorificados y sin defectos humanos. "El sol nunca más te servirá de luz para el día, ni el resplandor de la luna te alumbrará, sino que Jehová te será por luz perpetua…" (Isaías 60:19 RVR 1960).

El poder de la fe

Necesitamos tener una fe sobrenatural como la fe de Noé. Él fue advertido por Dios acerca de cosas que aún ni se veían, cuando aquellas cosas no eran visibles a los ojos del hombre, este hombre tuvo reverencia y respeto por Dios. Hasta ese entonces nunca había llovido sobre la tierra, esto hacia más difícil creer la palabra que Noé había recibido de parte de Dios. Él no fue ni a discutir o pedir cuentas a Dios sólo obedeció el mandato y preparo el arca donde él y su familia fueron salvos del diluvio. Cuando un hombre o mujer teme a Dios tiene respeto de Él, aceptan el dictamen de Dios aun cuando parezca no tener sentido humanamente hablando. Ese hombre o mujer podrían salvar a sus familias, no se salvarían él o ella solos. Muchas personas pierden esa oportunidad de obedecer a Dios y demostrar una fe inquebrantable.

Como hombres y mujeres de Dios debemos asegurar el éxito de los nuestros, confiando en el Señor. Porque lo que hacemos en obediencia siempre redundará en beneficio a los que están bajo nuestra cobertura. La fe que vence al mundo es la fe que se demuestra en una confianza ciega en Dios. Una confianza concreta, pura, determinada, le crees a Dios aún sin importar que otro no le crea. Así como pasó con Noé, muchos no creyeron, pero el sí confió en la palabra que Dios le había dado, otros no aceptaron el mensaje, pero él lo aceptó. Se negaron a ayudarle con la construcción del arca, pero él determinó hacer lo que Dios dijo y esta determinación le permitió preservar un remanente que habría de retornar a la tierra nuevamente.

Los cuatro tipos de fe

El primer tipo de fe "adoran a la creación"
Existen personas que no creen en Jesús, sin embargo, se consideran espirituales. En (Romanos 1:22-25) explica acerca de este tipo de persona que prefieren adorar a la creación que al Dios creador.

El segundo tipo de fe "religiosa u ortodoxa"
Éstas son personas que viven sus vidas basadas en una religión; más su relación con Dios no es basada en "Gracia", es basada en ritos, doctrinas e instituciones organizadas. Esto es lo que se declara en (Gálatas 1:6) y en (Mateo 15:8) dice que con sus labios me honran, pero su corazón está lejos de mí.

El tercer tipo de fe "la participante"
Es cuando tu fe no está fundada en la Palabra del Señor sino en aquellos que la proclaman. Por ejemplo, crees porque tus padres creen, confías más en la palabra de un pastor o evangelista que la misma Palabra de Dios. Tu fe no está directamente conectada a Dios sino en la persona que está conectada a Dios. Éste fue el problema del pueblo de Israel, cuando Moisés subió a la montaña para adorar a Dios, los israelitas hicieron un ídolo y comenzar a adorar algo que ellos mismo habían creado.

El cuarto tipo de fe "caminar con Dios"
Dios está buscando personas que tengan una fe personal, éstas son las que creen que sí hay un Dios sentado en un Trono alto y sublime. Quienes reconocen que lo que hacen no alcanza nada sino todo lo hizo Jesús y por "Gracia" lo han recibido. Ésta es la fe que dice, aunque mis padres no crean, yo seguiré creyendo, aunque mi pastor no crea yo seguiré creyendo. Porque mi fe no está conectada a nadie sino a Dios. Tengo fe porque Dios habló una palabra a mi vida. Seguiré creyendo la palabra profética que Dios me ha dado y entiendo que la responsabilidad de creer no es de nadie sino de uno mismo. Ester era huérfana, pero terminó siendo reina en el palacio. A José todo el mundo lo llamaba el soñador, pero terminó como gobernador en el palacio. Ésta es la fe de Enoc que camino con Dios y fue transpuesto, ésta es la fe de Noé que construyó un arca y fue salvo él y toda su familia.

¿Qué tipo de fe tienes?

Apuntes para estudiar:

1. ____________________

2. ____________________

3. ____________________

4. ____________________

5. ____________________

¡Recibe salvación hoy!

"Que si confesares con tu boca que Jesús es el Señor, y creyeres en tu corazón que Dios le levantó de los muertos, serás salvo" (Romanos 10:9 RVR 1960).

Señor Jesús,
Te recibo hoy como mi Señor y Salvador escribe mi nombre en el Libro de la Vida y no lo borres jamás. Te doy gracias por morir por mí en la Cruz del Calvario y perdonar todos mis pecados. Me arrepiento de mis pecados y te pido perdón. Reconozco que has resucitado y eres el Dios vivo. Te pido que entres en mi corazón y en mi vida. Ahora confió en ti como mi Salvador y prometo seguirte como mi Señor. Espíritu Santo guíame a toda verdad. Amén.

"Porque de tal manera amó Dios al mundo, que ha dado a su Hijo unigénito, para que todo aquel que en Él cree, no se pierda, más tenga vida eterna" (Juan 3:16 RVR 1960).

"Jesús le dijo: Yo soy el camino, la verdad, y la vida; nadie viene al Padre, sino por mí" (Juan 14:6 RVR 1960). "He aquí, yo vengo pronto; retén lo que tienes, para que ninguno tome tu corona" (Apocalipsis 3:11 RVR 1960). Dios nos va a pedir cuenta por el tiempo que vivimos en nuestro cuerpo terrenal aquí en la tierra.

Acerca de la autora

Madelyn Rodríguez es periodista, evangelista y autora. Lanzó su primer libro en las Naciones Unidas, *Las escaleras al cielo: Cómo Dios habla a través de sueños, visiones y revelaciones.* Fue presidenta de la rama de fe de la Asociación de las Naciones Unidas de El Salvador, donde organizó conferencias y dio charlas para líderes cristianos en las Naciones Unidas en Nueva York. Durante varios años trabajó como talento al aire para el canal de televisión Telemundo 47 Nueva York y como locutora de radio para Univisión Radio en Nueva York.

También es autora de los libros, *Expresa liderazgo: ¡Tu misión lo es todo!* y *Posiciónate y toma tu lugar: Descubre tu fuerza en lugares difíciles,* disponibles en Amazon. Fundadora del ministerio, Mujeres con Propósito, donde lidera un estudio bíblico de mujeres online y realiza conferencias nacionales e internacionales. Madelyn tiene dos títulos universitarios, en Justicia Criminal y Periodismo. Nació y creció en la ciudad de Nueva York de padres dominicanos.

MÁS LIBROS DE LA AUTORA

EXPRESA
LIDERAZGO
¡Tu misión lo es Todo!
Mujeres de oración, ayuno, valentía e influencia
MADELYN RODRIGUEZ

Expresa liderazgo: ¡Tu misión lo es todo!

¡MUJER FUISTE CREADA A LA IMAGEN Y SEMEJANZA DE DIOS!

¡Dios te ha creado para hacer cosas grandes! No importa donde estés, o cual sea tu situación, ¡Dios no se ha olvidado de ti! Independientemente de las dificultades, Dios ha prometido darte salvación, sanidad, liberación y restauración. En este libro encontrarás mujeres de la Biblia y de la vida actual que continúan enseñándonos cómo vivir una vida auténtica en Dios. Madelyn Rodríguez también comparte su historia de comienzos humildes; creció en un hogar de violencia doméstica, con pensamientos suicidas, y como ha encontrado su propósito a través de la fe. ¡Dios no ha terminado con tu historia! ¡Tú fuiste creada para manifestar la gloria de Dios en la tierra para un tiempo como este!

133 Madelyn Rodríguez

Posiciónate y toma tu lugar: Descubre tu fuerza en los lugares difíciles

¡INTÉNTALO DE NUEVO, PERO ESTA VEZ CON DIOS!

En este libro, Madelyn Rodríguez te motivará a seguir creyendo en medio de cualquier proceso que estés enfrentando, para que manifiestes lo que Dios ha depositado en ti. ¡Cada obstáculo que logres superar te hace más fuerte! ¿Sabías que tu edad, pasado, fracasos, o cualquier otra dificultad no son barreras para detenerte? Sino para empujarte a dar a luz al destino que Dios predestinó para ti. ¡Vale la pena empezar desde cero! Usa el miedo como un motor y no para que te paralice. ¿Quién dijo que el tiempo se terminó? ¡Es tiempo de romper paradigmas, explorar nuevos horizontes y salir de tu zona de confort! Dios te ha dado el poder y la autoridad para conquistar. En estas páginas descubrirás estrategias prácticas para discernir la temporada en la que estás viviendo y cómo avanzar con más fuerza que nunca. ¡Es tiempo de volver a vivir!

Made in the USA
Middletown, DE
16 September 2024